文春文庫

きみは赤ちゃん

川上未映子

文藝春秋

きみは赤ちゃん・目次

出産編

できたら、こうなった!

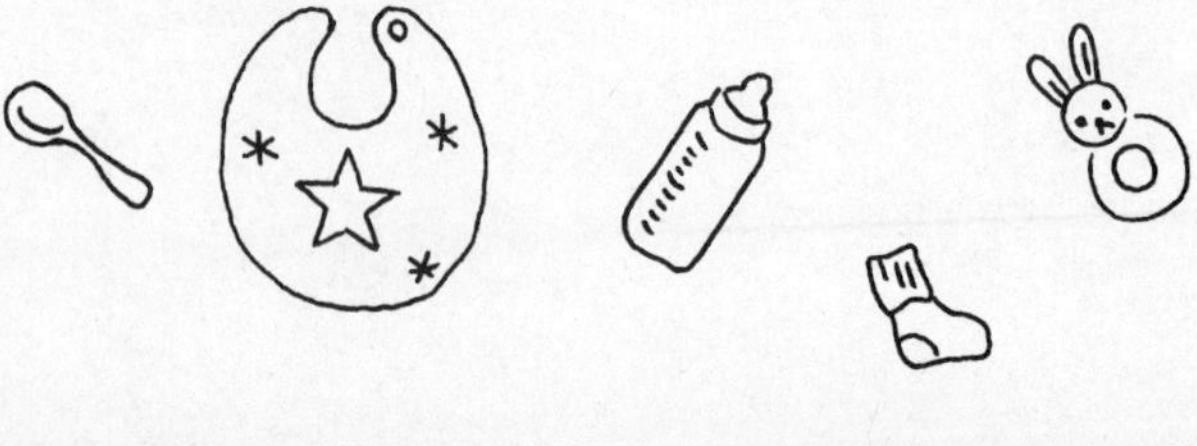

産後編

生んだら、こうなった！

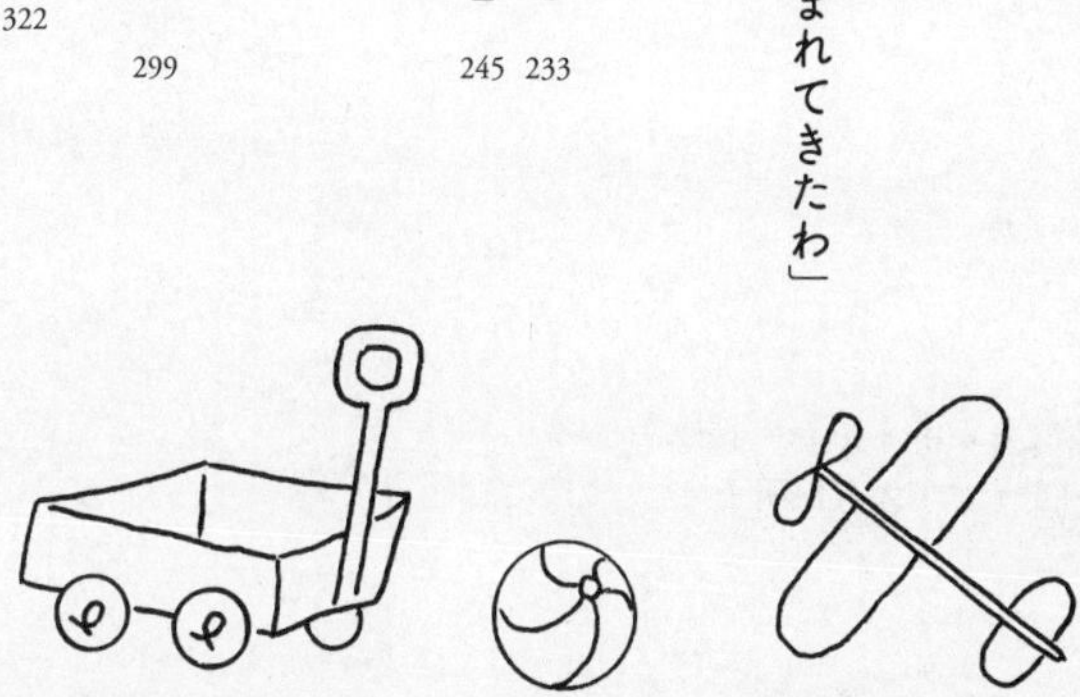

本文カット・Jeu de Fils
デザイン・大久保明子

きみは赤ちゃん

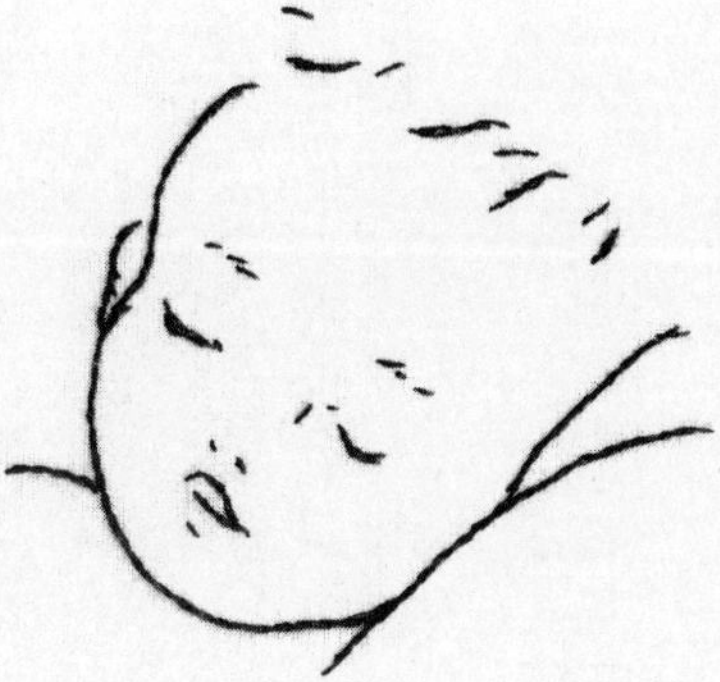

初出　「出産編　できたら、こうなった！」「本の話Ｗｅｂ」２０１３年７月〜11月連載
「産後編　生んだら、こうなった！」書き下ろし。
単行本　２０１４年７月　文藝春秋刊

出産編

できたら、こうなった!

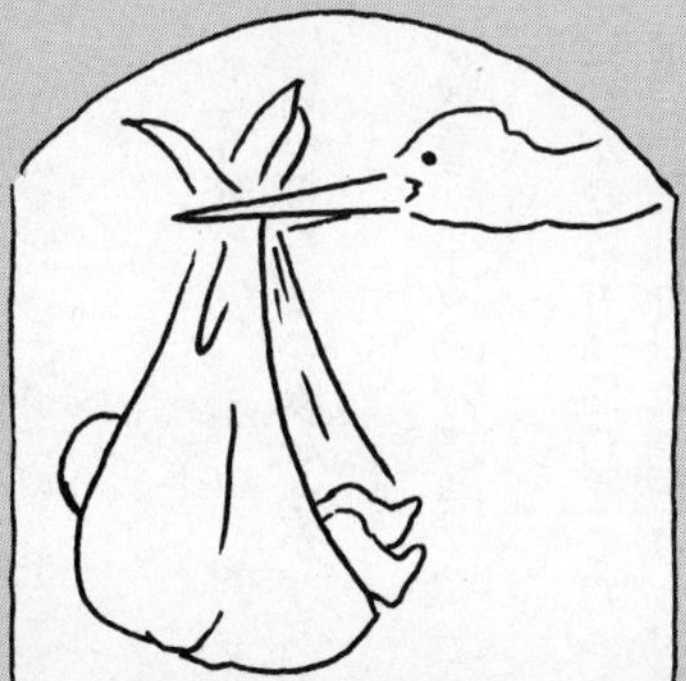

陽性反応

妊娠検査薬のさきっちょに尿をかけて、待つこと5分。

おお……。うっすら、うっすらだけど、たてに青むらさきの線がうかびあがってきた。

おお……。ふたたび声にならない安堵《あんど》というか興奮がこみあげてきて、首のあたりがものすごくどきどきした。

この2週間ほど、ずーっと体が熱くて生理予定日がきても高温のままだったのは、やっぱり妊娠だったのか。だるかったのも、妊娠だったのか。太ったのも、妊娠だったのか。小説がうまく書けなかったのも、部屋がいっこうに片づかないのも、服がどんどん増えていくのも、妊娠だったのか……いや、わたし妊娠したのか。すごいな基礎体温。体にもちゃんと摂理《せつり》みたいなものがあって、それがくっきり目にみえた感じがした。

とはいえ、それはあくまで簡易検査の結果でしかないのであって、産婦人科へ行ってちゃんと妊娠しているかどうかを確認してもらわないといけない。あべちゃん（夫です）と激こみの産婦人科にでかけてゆき、じつに3時間じりじりと待ちつづけ、診察室に通されると女性の初老のやさしい先生が「いるかなっ、いるかな〜っ」といいながら、あちこち探してくれるのをモニターで、はらはらしながら一緒に確認すること数分。

「あっ！　いたっ！」と先生が叫んだので、「どこですかっ！」と思わずわたしも叫んでしまった。

それはなんか、どこからどうみても黒い点というか、小さなまるでしかないのだけれど、「いますいます！」という先生のあかるい声をきいたその瞬間に、いきなりぶわっと涙がでてきてしまった。「おったですか！」と何度もいいながら、モニターをみつめてみると、もっと涙がでてきて困った。命とか誕生とかそういうのじゃないんだけれど、なんか、これまで自分が知らなかった感情の、もっと知らなかった部分をどん！　とつかれて、世界がぐらっとゆれて、やっぱりこれまで知らなかった場所に、ぽんとでたような、そんな感じがしたのだった。そしてそこがものすごくあかるい場所だった、ということに、とても驚いたのだとも思う。

子どもをつくろう、と思って3ヶ月。

これまで基礎体温をつけたこともなければ、妊娠にとりくんだこともなかったわたしだけれど、年齢はこのとき35歳。いろいろな偶然や、考えかたとの出会いがかさなって、子どもをつくることに決めた。決めた、といっても、できることといえば、まずは避妊をやめること。それで1回、様子をみることにした。

自分が妊娠するのかしないのかはまったくわからなかったけど、生理周期だけは昔からばっちりだったので、「排卵って、だいたいこれくらいかなあ」というあたりを狙ってやってみた。わたしとしてはものすごく思いきったこと、ものすんごいことをしたつもりだったのに、翌月になると「よお!」みたいないつもの感じで生理がやってきたので、「まじかよ」と、ちょっと焦った。

それでスマートフォンに「基礎体温アプリ」を入れて、毎朝、こまかいところまで測れる体温計を口に入れて記録していくことにしたのだけれど、これが精神的にずいぶん厄介なもので、少しでも体温が下がると気が気でなくなっていくのが自分でもこわかった。この1ヶ月でやみくもにつめこんだ妊娠への道のりというか、知識の中心にあるのは「とにかく体を冷やすな」ということ。意味がないとわかっていても、「いや、今朝のわたしはもっと高いはず……」とつぶやきながら、だらだらと何度もくりかえし検温してしまうのだ。そして少しでも高い数値を記入してほっとする……デ、デイトレーダーって、もしかしたらこんな感じなのかもしれないな……とか思いつつ、折れ線グラフを凝視するのだけれど、2回目もまた、当然のような顔をしてあっけなく生理がやってきたので、今度はものすんごい焦ってしまった。

この時点で、いろんなことを考えてしまう。たった2回のトライでなにをいうか！　と思われるかもしれない。でも、これがまじで焦るんである。だってこれが不妊治療のはじまりになるのかもしれず、そもそも自分が妊娠できるのかどうかもわからないわけだし、とにかく、「なにもわかりようがない」という状況のすべてが、ものすごく不安にさせるのだ。なにかを強烈に求めてしまうだけで、生活の中心が、こんなに簡単に、いっぺんしてしまうなんてなあ。

なんか、自分がすごくゲンキンに思えていやだった。

でもまあ、考えてみれば妊娠にかぎらず、人間っていうのは恋愛でも気になってしまえばなんでもそうなのかもしれなくて、そういうのをくりかえしてきたのだろうけど、でも数年まえどころか数ヶ月まえまではそんなに真剣に考えてもいなかったことに、こんなに頭も体も支配されて、こんなに神経質になってしまうなんてなあ。単純なことよのう。ああ、仕事もぜーんぜん手につかない。朝起きて、体温計を口に入れて、排卵日を逃すまいと、それだけに集中してしまう毎日。一日がとても長くて、夏なのに腹巻&ぶあつい靴下をはき、体温を測りつづける1ヶ月が、なんだか半年にも1年にも感じられるのだった。

で、けっきょく3回目は、「排卵検査薬」というのを使うことにした。基礎体温だけじゃなくって、排卵日をダブルで特定してやろうという魂胆だ。だいたいこのあたりかなーという数日間、キットに尿をかけつづけて、陽性のしるしがでるとそこから24時間以内に排卵するぜと教えてくれる、すごいやつ。そのしるしがでてからできるだけ多く性交すると確率があがるので、ものすごく忙しかったけれど、われわれはなんとかがんばった（そのキットでわかったのだけど、生理周期が28日と、ものすごく規則正しいわたしでも、排卵は予想より5日もずれておきていた。調べないままだったら、妊娠しなかっただろうと思う）。

年齢のこともあるし、これで駄目ならちょっと婦人科に相談だな、と思って、並行して、その情報も調べる毎日。そこからの1ヶ月間がまたもや長く、ほんとに長く、毎日は、なんだかはっきりしない泥のようなあんばいだった。

よくてもだめでも、結果が一刻も早く知りたくて、生理予定日を1週間は超えないと使っても意味のない妊娠検査薬を使いつづけるという、一部の妊娠待ちの女性のあいだではおなじみらしい、いわゆる「フライング地獄」にわたしもはまって、何本も無駄にしてしまった。

体や、においや、いろいろなことやものを観察するのが好きで、いよいよ妊娠するかもしれないと睨んでいたこの1ヶ月は、気がついたことや変化についてじつにこまかく、いろいろなことをアプリに記録していた。

妊娠は、卵子と精子がくっつくだけではだめで、くっついたそれがちゃんと子宮に着床しなければならない。くっついてから着床するまでに7日から12日かかる。そして着床するときに着床痛というのを感じる人もいるときいたとたん、わたしは連日ベッドに横になって、まるで瞑想者のように、体のすみずみにまで神経をみなぎらせて、着床するその瞬間をみきわめようと必死になった。いまから思うとほんとに頭おかしいなと思うんだけど、でもなんか、そうなっていた。

そしてある夜(日記によると2011年9月10日、午後8時21分)——「ちくちく」とふとものつけ根ちょっとうえあたりに、はっきりとした痛みを感じたのだった。

いまのがうわさの着床痛かも！　とわたしは声にだして感激し、すかさずアプリに「おなか、ちくちく」と書きこんだ。「これは、妊娠あるで……」という手応えがめらめらとめばえ、体温を測る毎朝の口にも力がみなぎった。そして生理予定日が近づいても体温は下がる気配をみせない（生理がはじまるときって、体温ががくんと下がるんです）。「こらきたかも！」と気分もあげあげで、結果、めでたく妊娠、とあいなったのであった。

病院からの帰りみち、あべちゃんとあほみたいに「おったなー」「おったねー」「おったなー」「なー」みたいな会話をくりかえし、とても興奮していたのでなにを食べてどうやって帰ったのかも、あんまり覚えていない。

黒いごまのような、影しかうつってないようなエコー写真のはしっこを指でつまんで何度もみつめ、はじまったなーというような気持ちだった。

自分の性格を思うと、できたらできたで、ものすごく不安になって落ちこむのではないだろうかと想像していたけれど、あんがいそういうこともなく、適度に鈍く、なんだか妙に浮き足だっていた。

しかし物心ついたときからものごとの暗い面をさらに暗い色をした眼鏡ごしにみつめ、ネガティブさにかけては人後に落ちないという自負のある、いわばネガティブ・ネイティブたるわたしである。これまでの人生、まずはつねに最悪のシーンを想像し、明日は今日よりも悪くなるに決まっている、そしてよいことがあれば必ずわるいことが3倍返しでやってくるというサイクルを信じ、よくわからないけど魂のどこかをあきらめながらしずかに鍛えてきたという実績がある。いまはただ、はじめてのこと、待ち焦がれたことが叶《かな》ってちょっと気分もよく、ムード的にふわふわしてるだけで、基本的にこんなのっていっときの高揚感でしかなく、これが本当じゃ、ないのだよ。妊娠生活がどれくらい大変かというのは、まわりの経験者からもいやというほどきいてきたし、この数ヶ月、そのような情報ばかりを浴びるように摂取してきたではないか。このいまのうれしい気持ち、ありがたい気持ち、ぽかぽかした気持ちはいっときのこと。これからさまざまなことがあるだろう。ものすごいネガティブ・リアリストとしていっそうに気をひきしめて、この1年を生き抜かねばならない。わたしはありとあらゆる最悪なできごとをことこまかに想定して、くる夜もくる夜も、あべちゃんにきかせつづけた。あべちゃんは「頭がおかしくなる」といっていたけど、少しでも面倒な顔をするとわたしの話はさらに長くなるので、最後は目を閉じて口を半分ひらいたまま無表情であいづちを打つだけの、なんかエジプトの壁画の人みたいになっていた。

しかし……わたしは、そのときのわたしに笑顔で教えてあげたい。あんたのさきどりネガティブさなんかまじですこぶるファンタジー。まったくぜんぜん、なめてるで、と。

じっさいの妊娠生活は、わたしの想像をはるかに超えた、過酷かつ未知すぎるものだった。わたしの想像力なんか三段跳びでスキップしてみえんくなったなーと思ったら脳髄に突き刺さってたわ、みたいな、そんな現実のてんどんの日々が待ちうけているなんてそんなこと、黒いごまのような影をほくほくみつめるわたしには（あべちゃんも）、知るよしもなかったんである。

つわり

このしんどさ、この気持ちわるさ、このものすごい絶体絶命感を、いったいなににたとえたらよいのだろう。ふつか酔い、船酔い……とにかく、なんらかの酔い。こうしてみると酔いのレパートリーがあまりに貧しいわたしだけど、そして船ってあんまり乗ったことないけれど、つわり。これが聞きしに勝るおそろしさだった。いま思いだしても、震えがくる。

朝起きて目を覚ますといちばんにやってくるのが「うぇっうぇっ」という、えずき。目をあけてみると、なんか天井がまわってる。なにかの冗談であってほしいのだけれど、しかしこれが、完全にまわってるんである。

い、いけるかな、とか思ってなにか口に入れては吐き、せ、せめて水でも、と思ってふくんでは吐き、なにかをじっとみつめると、それだけでこう、こみあげてくるものがある。

この吐き気には独特の味というか、感覚があって、わたしはそれを「すわっすわ」と呼んでいた。吐く直前に、胃から食道にかけて、こう、「すわっすわ」としかいいようのないものがやってきて、口のなかに、まさに「すわっすわ」としか呼びようのない味というか雰囲気というか、それがもういやーなあんばいでじゅわっとひろがってゆくのである。そしたらもうだめ。トイレへ直行。飲めるのはつばだけという状態。「こんなんまじ異常やで」と、何度も胸のなかで声にならない声で叫び、立ちあがることもできないわたしは朝から夜までベッドで横になって、ただいつもおなじカーテンがぶらさがっているのをぼんやりとみているという日々をすごした。

そんな状態で「もう少ししたら新刊のプロモーションが始まるんだよな……」(『すべて真夜中の恋人たち』という小説が刊行されるタイミングだったのです)とか思うとぞわりと寒気がして、こんな状態でサイン会とか取材とかって人間に可能なのかなあ、どうなんだろうかなあ、考えててもしょうがないよな、とりあえずやってみるしかないよなあ……というところでまた吐いて考えはストップ、のくりかえしだった。

なにも食べられないし、なにも欲しくない。でもなにか食べないと、すごくまずい気がする。

わたしはこの「すわっすわ」と、妊娠2ヶ月のおわりに相当する7週ごろから6ヶ月のだいたい20週までの4ヶ月ほど(妊娠してはじめて知ったのだけど、みんなあんまり「いま何ヶ月」というようないいかたをしないのです。たぶん1ヶ月のなかに、あまりにこまかな変化があることもあって、「いま何週」という感じで、話します。最後の生理がはじまった日が妊娠0週0日。だから、生理が1週間おくれて妊娠がわかった、なんてときにはすでに2ヶ月目に入ってる、っていう感じ)、生活をともにしてる、あべちゃんも無口になるほどの、本当になにもかもが土気色をしたような日々だった。

けれどもすこしだけ気分のましな日は、あるいは、吐けるものはぜんぶ吐いたあとは、横になったままアイフォンをつるつると操作し、妊娠8週めの赤ちゃん、とか、12週めの赤ちゃん、とか、そのときどきのいまにあてはまる画像を検索して、じいっとみてみる、なんてこともあった。

いつも小さな驚きがあった。ほかには、つわりで苦しんでいる妊婦さんのブログを読んだりして、みんながんばってるなあと頼もしく感じたり。でも、すがるような思いでいつまでも、何度でも検索していたのは「つわり　いつまで」というワード。つわりを終えたみんなが、ほんとうにまぶしかった。みな、「霧が晴れるように、ある日、つわりは去っていた」というようなことを書いていて、わたしはそれだけを信じて、ただ横になっていた。この吐き気がある日とつぜん去ってくれるなんて想像もできなかったけれど。とにかく、ワラにもすがる思いで「つわり　いつまで」というワードを、一日に何度検索したか、これもまたわからない。

あと、このころから出産まで、ずうっと頼りにしていた本があって、それは半年まえに妊娠した、おなじ妊婦である親友のミガンがプレゼントしてくれた『お腹の赤ちゃんの成長が毎日わかる！　はじめての妊娠・出産　安心マタニティブック』（永岡書店）というもの。

そのいわゆる「妊娠・虎の巻」には、出産までのおなかのなかの赤んぼうの毎日の様子、母親の心身の変化について、そして、そのときどきに気をつけることなどなどがことこまかに書かれている。

たとえば、8週と4日、46日目の欄には、

〈今日にはまぶたが現れるでしょう〉と書いてあり、また翌日の、8週と5日、47日目の欄には、

〈ティースプーン1/5の水とおなじ重さです〉

などなど、いろいろな角度で一日一日の変化を追ってくれて、自分のからだのことなのに、どうしたって知りえない、おなかのなかのこまかな変化をおしえてくれるのだ。
　ほかには、
〈赤ちゃんの腕は、水かき状のものから船の櫂《かい》のような形に変化します。今週中には手足の骨を包む筋肉が現れ、手足に神経ができてきます（6週と3日、31日目）〉や、〈ママの子宮は小ぶりのグレープフルーツほどの大きさになっています。今週の終わりまでには、約30㎖の羊水に赤ちゃんが浮かぶようになります（10週と2日、58日目）〉とか、
〈赤ちゃんはいま、先週に比べて体重は2倍の13g、身長は50～61㎜にまで成長しました。口の固い骨状の部分が完成します（11週と6日、69日目）〉とか。
　出産までの毎日が、こんなふうにやさしく、またきめこまかにつづられており、たびたび吐き気におそわれてトイレにかけこむだけの、いつまでこれつづくねんとつっこむ気力すらもうどこにもないうっそうとした日々に、手がかりというか、目標というか……とにかく、いまはこんなだけれども、自分はいまたしかにどこかにむかっているのだ、その途中なんだ、ということを思いださせてくれるというか……まだ吐き

気以外の実感がなくて、病気となんらかわりのない日々をすごしながら、こんなことがおなかのなかで起きている、なんてうまく信じられないけれど、しかしとても具体的なことを知ることによって、すこしずつ、すごく、励まされていたような気がする。

　ところで、子どものころによく読んだ絵本とか、物語のなかに、はっきりとした病気じゃないんだけど寝たきりになっているおばあさん、みたいな人ってよく登場したように思いませんか。わたしは、あのおばあさんたちのおかれた状態がどういうものなのか、当然かもしれないけれど、よくわかっていなかった。そう。歩けなくなる、とか、起きあがれなくなる、とか、食べられなくなる、とか。いわゆる老衰と呼ばれるものなんだろうけれど、そういう状態が、いったいどういう状態なのか、想像したこともなかったのだと思う。

　でも、つわりの状態に長くいて、くる日もくる日も天井とか壁とかカーテンをぼんやり眺めていると「ああ、あれは、こういうことだったのかもしれないなあ」と、ふと、理解できるような気がした。意識はまだはっきりしてるのに、からだがぜんぜん動かない。食べたいのに、食べられない。腰はちょっとした床ずれを起こしていて、姿勢を変えるのもままならない。そしてただただ、気持ちが冴えなくて、どんどん気が弱くなっていって、コミュニケイションといえば、もう、ちょっと笑う、とかしか、できないんだよね。そして、あと20年もたたないでやってくるはずの更年期障害っていうのも、きっと、こういう系統のしんどさなんだろうな、とも思うのだった。

女の人は、それこそ小学生のころから〈からだ〉というものを、主体的にも、あるいは客体的としても意識せざるをえない宿命にあるけれど、それはこうやってずうっとつづいてきたし、これからもつづいていくんだな、とぼんやり思った。そして、こういった種類のしんどさは、やっぱり体験してみるまではわからないものなのだ、とも。

つわりのしんどさをつうじて、わたしは更年期障害や、老衰、というものをかいまみたような気がしたけれど、でも本当のそれらはきっともっとちがうしんどさに満ちているんだろうと思う。でも、このからだの変化をつうじて、いくつかしんみり理解できたこともあるような気もする。

ひとつは、「人のしんどさ」っていうのは、からだで起きている以上、当人にしかわからないものなんだなっていう、あたりまえのこと。

しかし、それを経験したことがあれば、思いやりをもって接することができるはずだということ。

横たわりながら、吐きながら、あべちゃんにお願いして買ってきてもらったすいかをひとくち食べて、やっぱりそれも吐きながら、そんなことを考えていた。

そして、しんどさとはべつに、やっぱり未来にむかって明るく光ってみせるものが自分のからだに起きている、ということを思えば、不思議なもので、じわじわちからが湧いてもくるのだった。この時期をおたがいにのりこえよう、母はけっこうまじで限界近いけど、でもぶじに大きくなあれ、とおなかの赤ん坊に呼びかけたいのだけど、まだあまりに実感がないので面映《おもはゆ》く、おなかに手をのせて、念じるだけで精一杯なのだった。

出生前検査を受ける

妊娠初期は、定期健診にゆくのは1ヶ月に一度なのでらくといえばらくなのだけど、でも、おんなじくらい不安もある。

それは「おなかの子は元気に育っているのだろうか」に尽きるのだけど、安定期に入るまでのこの数ヶ月は色んな理由で赤ちゃんがおなかのなかで育たず、流れてしまうことも多いときいて、ちょっとでも体温が下がってるような気がすると、さらに、ものすごく不安になるのだった。

でも、そういうのってじつは根拠はなくて、激しい運動をしたとか不摂生をしたとか、冷えたとか、いわゆる母体に原因があって赤ちゃんが育たなくなってしまうのではないのだよね。赤ちゃんの側、受精卵の状態によるものがほとんどなのらしい。

だから母親があれこれ心配しても、育つものは育つし、育たないものは育たないのだけど——でも、赤ちゃんにかんするすべての責任は母親にあるような気が、おかしなことだけど、やっぱりあるのだ。そういう感覚というか、刷りこみのようなものが。

出産は、最初に妊娠を確認してもらった病院じゃなくて、完全無痛がうりというかすべての、産院に決めた。

痛みを和らげる「和痛」じゃなくて、完全に、最初から最後までまーったく痛くなく、陣痛をいっさい味わわなくてもよい、「完全無痛」。日本ではここしかないんだぜ、というくらいの徹底した無痛分娩で昔から有名な産院がわりに通いやすい場所にあって、なおかつ、友人の先輩妊婦、ミガンもこちらにかかっているので、「ここしかないやろ」という気持ちで電話をかけた。しかしここ、小さな個人産院かつ、かなりの高額であるにもかかわらず、そしてそうはいっても無痛分娩がまだまだポピュラーじゃないにもかかわらず、とっても人気があるのらしい。予約はいっぱいで無理かなーと思いつつ、運よく予定日のあたりに空きがあったみたいで、「来てください」との返事。ラッキーなことに受けつけてもらうことができ、そこでお願いすることにしたのだった。

これまでは、「出産の、あのうわさの痛み、経験しとこっかなっ！」っていう気持ちも、なくはなかった。

けれど、そんなのは自分が妊娠する以前のへらへらした軽口にすぎず、じっさいに妊娠して「1年もたたないうちにまじで生む」という事実が絶対的な予定として本気のカレンダーに書きこまれたいま、出産の痛みにまつわる想像のすべてはおそるべきリアリティをもった現実の恐怖のかたまりになって、ことあるごとにわたしをがんがんに追いつめていった。3キロもの物体というか人間が、あんな小さなところからでてくるのとか、真剣に想像してみると、恐ろしすぎてふと思考がとまってしまうんだよね。

痛みについては、小学生の少女のころからいまのいままで、もういろいろなことをきいてきた。

ものすごく裂けるとか肛門からすいかとか、痛いをとおりこしてころせ！　としか叫べなくなるとか鼻から焼きごてとか清原選手のフルスイングをむきだしになった腰の神経のたばに連打とか、もうそういうのこれまで散々どこまでもきいてきたけど、そのたびに「こわーい、すごーい（笑）」とかリアクションできたのは、しょせん出産がまだ自分に本気でかかわっていない時期の、なんというか、単なる「相づち」でしかなかったのだ。

「1年以内に自分の身に起きる」という圧倒的な事実をまえにすると、「どうか、どうか痛くない方法で、まじでひとつお願いしますお願いしますお願いします」と土下座しながら祈るしかないような心境で、ワラどころか糸くずをもつかむ思いで滑りこんだのだった(無痛分娩にまつわるプレッシャーあれこれや、金額のことはあとでくわしく!)。

というわけで、ぶじに産院も決まって、つわりはあるけどなんとか妊娠も10週をこえたこの時期、わたしたちがどうしようかと悩んでいたのは、「出生前検査」についてだった。

これは、おなかの赤ちゃんに、先天的な異常があるかどうかを調べる検査のこと。方法はいくつかあって、それぞれにいろんなことがわかる。

母体に負担がほとんどなくて比較的かんたんに受けられる検査には、「クアトロテスト」というのがある。これは母親の腕からちょっとだけ血を採って、赤ちゃんや胎盤や卵巣で産生されているタンパク質やホルモンの濃度を調べて、ダウン症候群(21トリソミー)と、開放性神経管奇形(18トリソミー)などの先天的な異常があるかどうか、その「確率」を調べるもの。

だいたいの順序として、まずクアトロテストを受けて確率が高ければ、つぎに確定診断できる羊水検査へ、という流れが主流らしいのだけれど、この「確率」というのが、考えれば考えるほど、わからなくなってくるのだ。

や、考えなくてもわかるのだけれど、どんな倍率がでたってそれはやっぱり確率でしか、ないのだよね。だから「ものすごく確率低いよ」といわれても、また「すんごく高いよ」って言われても、けっきょくは生んでみるまではわからない、つまりはまえもって、なんにもわかったことにはならないのだよね。

というか、出生前検査を受ける動機って、なんなのだろう。

これは出生前検査を考える人のほとんどが自問自答することかもしれないけれど、「安心して、出産に臨みたい」というのが、本音にして大きな動機のひとつなのだろうと思う。みんな、安心したいのだよね。けれど、検査が視野に入っている時点で高齢出産である場合も多いから、安心したい気持ちを望むのとおなじだけ、現実的に、不安だって引き受けることになる。「大丈夫ですよ」というけっかひとつであればなんにも問題ないんだけれど、そうじゃないから、検査をして、安心したいのだよね。

そして、つぎに重くのしかかってくる自分への疑問は、

「検査してさ、もし異常があったとして、じゃあ、それを知ってどうするの」

ということ。

わたしたち夫婦は長い時間をかけて、このことについて話しあった。

そもそも検査する必要があるのか、どうか。

もし異常がありますということがわかったら（確定したら）、どうするのか。

そのときにもし堕胎という選択をするのなら、わたしたちはいま、いったい誰のための、なんのためのための出産に臨もうとしているのか。

以前、ある友人と出生前検査について話していたときに教えられたことがある。

「おなかの赤んぼうは１００％こちらの都合でつくられた命で、１００％こちらの都合で生まれてくるのだから、それならば、われわれはその『生』を１００％の無条件で、全力で受け止めるのが当然じゃないのだろうか。それが筋、ってもんじゃないのだろうか」

出産というものが、この生きやすいとは到底いえない世界にいきなり登場させる、ある意味でとても暴力的なもののように思えてしかたのなかったわたしは、友人のこの意見をきいたとき、本当に深いため息をつきながら、「そうだな」と思えたことをよく覚えている。

それは「生むための言いわけを手にしただけ」の安堵のため息だったかもしれなかったけれど、でも、その考えには深く胸を打たれる、まっとうさのようなものが確かにあった。

どんな状態のどんな子どもが生まれてきても、ありのまま引きうける覚悟で臨むこと。

その気持ちさえあれば、こちらの都合で生んだことをその子に恥じないですむというか、後ろめたさを感じないですむかもしれないという、ひとつの「答え」をもらったように思えたのだった。逆にいえば、そうできないなら子どもを生んではいけないのではないか——こちらの都合で子どもを生むということにもし資格というものがあるとしたら（そんなものはないのだけど）、その一点なのじゃないかと、それくらい、友人のその考えは、わたしの心と頭に深く突きささったのだった。

「カラオケはでたキーで歌う」じゃないけど（そんな軽いものじゃないけど）、でも「きみよ、安心して生まれてこい。わたしが全力で受けとめる」ってことが、赤ちゃんをこの世界に無相談で参加させるこちら側の、最初にして最大の誠意というか覚悟というか、唯一の態度であるような、そんなような気がしてならなかった。

じゃあ出生前検査はいっさいなしにして出産に臨む。それでいいじゃない。なにを迷うことがあるの。若いとき、「障害のある子どもが生まれたらこれからのわたしの人生が狂ってしまう」っていって自分のためにかならず出生前検査をするんだって堂々といっていた知人に、本気で嫌悪感を抱いていたこともあったじゃないの。

どれくらいひとりで悩み、そして、あべちゃんと話しあっただろうか。

悩み考えた末に、けっきょく、わたしは出生前検査を受けることにしたのだった。

気がつくと、最初にあった「安心したい」っていう動機は、「知りたい」という目的に、完全に変化してしまっていた。

この問題について考えすぎると、なぜか「異常がある」のが前提みたいになってしまって、「それをいつ知るのか」という判断を日々、迫られているような感じになるのだった。

・

とにかく、少しでも早く問題を把握して、そして、心の準備や現実的な対処をしなければ。気づけば、そんな気持ちがいちばんになってしまっていた。さまざまなトリソミー異常にくわえ、生存に大きくかかわる疾患がみつかるかもしれない。内臓や脳に、あきらかな病気がみつかるかもしれない。そうすれば、生まれてすぐに大きな手術が必要になるかもしれない。そういうことがまえもってわかっていれば、お金や環境の準備をじゅうぶんにできるかもしれない。とにかく、現代の技術で知ることができるのならば、知ることは罪なことじゃないだろうと、そんなふうにだんだん自分を説得するようになっていった。

そして、その「知りたい」という気持ちがじぶんのなかで正当化されてゆくにつれ、「異常が認められたとき、堕胎するか、しないか」の現実的な選択については、あまり考えなくなっていった。や、考えられなくなっていった、というのが正確かもしれない。でもそれは「命の尊さに気がついて、生むという選択しかなくなった」なんていう立派なものじゃぜんぜんなくて、単純に、「いやなことを後回しにする」っていうのに似たような、そんな感覚だった。

とにかく知る。知ってから、考える。

わたしの倫理観もエゴもご都合主義も、ぜんぶぜんぶがこの都合のよい「知る」ということに正当化してもらうことによりかかって、そして、まる投げにされた状態だった。

あべちゃんとはもちろんたくさん話しあったけれど、でも決めるのは、やっぱりわたし。いろんな考えかたがあるけれど、いまはまだ自分のからだのなかですべてが起きている事実を考えると、やっぱりわたしの意見がまずは尊重されるムードだった。それは、とてもありがたいことでもあるけれど、たぶん、おたがいに相当なプレッシャーだったと思う。あべちゃんはそれがなんであれ、ほぼ無条件でわたしの選択を受け入れなくちゃならないし、わたしは責任重大だし。

知ってから考える。知ってから、考える。

この一点だけぎゅっとにぎりしめて、検査の方法をいろいろ調べたけっか、わたしたちは大阪にある「クリフム夫律子マタニティクリニック臨床胎児医学研究所」というところを訪ねることにした。

このクリニックの特徴は、超音波検査。

おなかの赤ちゃんを超音波で、ものすごくこまかくこまかくみるという、いわゆる「胎児ドック」をやっているところ。

主要な血管や、心臓の弁や、脳、それから21トリソミー（ダウン症）の特徴でもある、鼻の骨の高さ、首のうしろの浮腫（ＮＴ）の厚みなどなどを（これが厚ければ厚いほどダウン症の確率があがるのだけど、もちろんぜったいではない）、時間をかけて、とてもくわしくみてくれる。それにＮＴ検査と母体血清マーカーをセットですると、確定診断とまではゆかないかもしれないけれど、母体にもおなかの赤ちゃんにもまったく負担をかけることなく、より高い確率でおなかの赤ちゃんの状態がわかる（ちなみにそれぞれの検出率は、クアトロテストだけだと70％、ここ、クリフムの超音波＋母体血清マーカー＋NT検査だと95％、そして最近はじまったNIPT検査は99・1％）。

この「胎児ドック」をやってるのは、日本でも当時はここだけで（そんなのばっかり）、しかも妊娠初期、13週を越えてしまうともうできなくなってしまう。このクリニックのことを知ったときは新刊のサイン会のスケジュールもぱつぱつにつまっていたけど、こちらも運よく予約がとれた。大阪の姉の家に一泊させてもらって翌日、地図をみいみい、ふたりでやってきたというわけだった。

大きなモニターがみえるベッドのある部屋にあべちゃんとふたり案内されて、あべちゃんはすぐそばの椅子に、わたしはベッドにあおむけに寝て待っていると、やってきたぷう先生（夫《ぷう》先生、本名でいらっしゃるんです）は、第一印象がとても明るくて、やさしい感じがした。準備をしたり、にっこり笑って話しかけてくれるほかのスタッフのみなさんもさっぱりしていて、おそろいのポロシャツにパンツというカジュアルなかっこうで、黒いワイヤレスマイクを耳につけてクリニックのなかをきびきび動いている。「こんなスタイルだから、最近は居酒屋ですかーっていわれるのよー」と冗談をいいながら、ぷぅ先生がこちらの緊張をほぐしてくれる。ベッドの部屋の色使いも壁紙も、とてもきれい。

わたしも冗談をいって笑っていたのだけれど、いざ、超音波用のゼリーをおなかに塗られて（ゼリーをちょうどいい温度に温めてくれていて、これがほんとにうれしかった。だいたい産院では冷たいままどろりとおなかにだされるので、緊張している体がさらに縮こまってしまうのです）、いよいよ検査が始まりますよって段階になると、なんだか少しずつ不安になってきた。ここにきても迷いのようなものがないでもなかったし、そもそも内診用の椅子というかベッドは、やっぱり座るだけで全身にちからが入って、無駄にどきどきしてしまうのだ。あべちゃんも心なしか緊張してるような顔つきで、モニターのほうをじっとみている。それから目が合うと、オウ！　みたいな感じで左手をぎゅぎゅっとにぎってくれた。

超音波検査はちつのなかに棒状のエコー（プローブというらしいです）を入れて、それで子宮のなかの様子をみる。

最初はくるりと背中を丸めてくるまっていて、ぷぅ先生の、みたいところがみえそうにない。おなかの赤ちゃんの位置を変えるためにおなかをうえからぐるんと押したり、いろいろしながら、ようやく今だ！　というベストポジションをみつけて、ふたたびプローブを入れたとき、いきなり目のまえの大きなモニターに赤ちゃんの姿がばーんと映しだされた。

それは、それまで産院で何度かみていた、白黒のざざーっとした画素数の粗い影みたいなものではまったくなくて、金色というか、飴色というかのきれいな色で、あれは何Dっていうのかな……よくわからないけれど、頭や肩や、手足、顔、すべてが立体的に映しだされていて、驚いた。わたしは思いきり目をひらいて、モニターに映しだされた赤ちゃんをみた。

「あれが頭ですか」「もう手があんなに長いんですか」「足があります」「目がありますー」「あんなにかたちになっているんですか」「あの体が、わたしのおなかにあるんですか」

気がつくとわたしはずうっとそんなひとりごとをしゃべっていて、そして「そうよ〜、いるんですよ〜」というぷぅ先生の声をきいていると、ぶわっぶわっと両目から涙がでた。最初に妊娠を確認してもらった産院で、ごま粒みたいな赤ちゃんをみたときにもおなじような気持ちになったこれは、いったいなんといえばいい気持ちなんだろう。胸の底のほうからおしよせてくる、うれしいとも、感動とも、いとしいとも違う、あるいはそれらをぜんぶ足してまだ足りないような、ただ温かくてつよさに満ちた動き、としかいいようのないもの。こみあげたそれがあふれかえって、それがぜんぶ涙となってこぼれてゆくようなこの気持ち。いっぽうで、プローブを動かし、さまざまな角度に切りかえながらモニターを凝視するぷぅ先生の表情のすべてがものすごく気になるのだけれど、でも、このときわたしは、不安よりも心配よりも、なんだか問答無用の温かい水のなかに浸っているような、全身が妙に安心したような、そんな感覚に一気に包まれたのだった。

検査を終えて、待合室であべちゃんとふたりで待っているときはあまりしゃべらなかった。動いてたね、動いてたな、ぐらいのことをぽつぽつしゃべって、それからふたたび名前を呼ばれるまで、他愛のない話をしていたような気がする。

超音波検査のけっかは、ほぼ問題はないでしょう、ということだった。

脳のなかも、血管も、手足も、いまわかる臓器の様子にも、異常も特徴もみられません。

それから、母体血清マーカーのための血を少し採った。その結果は後日郵送とのこと。もしそこでなんらかの異常がみられたら、郵送ではなくてお電話しますね、とのことだった。

緊張していたせいかさっきまでまったく吐き気を感じなかったのに、クリニックをでたとたんに吐き気がやってきて、立ち止まっては飲みこみながらやっとのことで車にのりこんで、車中でも吐き気を飲みこみつつ、なんとか大阪駅に辿りつき、新幹線に乗って、東京にもどった。

けっきょく電話は鳴らず、1週間もしたころにぺらりとした封書が届いた。

英語表記だったのでピンとこないところも多かったけれど、とりあえず検査的には陰性、ということらしかった。

NTの厚みは2・5ミリということで、これは年齢とのかねあいもあるのだけれど、ネットで検索してみると、この数値は標準という体験や意見もあれば、そうじゃないのもたくさんあった。不安をみつけようとすれば、どこにでもみつけられるんだなと思いながら実感したことは、けっきょく赤ちゃんの健康のことは生んでみないとわからないのだ、ということ。生んでからだって、わからないことばっかり。健康に生まれてきてくれるのはうれしいけれど、生まれてくるこの世界には、事故や災害や暴力などそもそも無限のリスクがうごめいているのだ。そんなの最初からわかっていたけれど、あらためて、そうなんだよな、と思いしった気持ちだった。

出生前検査をすることで、たまたま陰性という結果がでたわたしの場合は、最初にのぞんでいたような安心をもらえたような気がする。

けれども、頭のどこかに、友人のあの話にたいして「そうだよな」と、わたしが本当に思ったその感覚というのはやっぱり残っていて、それがいまでもちょっとだけ暗い気持ちにさせるのだった。

もしも、「異常がある可能性が高いです」といわれて、確定診断を受けて、それが決定していたとしたら、わたしはいったいどういう選択をしたのだろう？　いまでもぼんやり考える。堕胎したかもしれないし、あのモニターをみた瞬間のあの不思議なちからにひっぱられたまま、わたしは難なく生むことを選んだかもしれないし、それは、いまとなってはもう、わからないことになってしまった。そして、そんな仮定にはもう意味がないというのはじゅうぶんわかっているのだけれど。

でも、少なくともわたしは出生前検査をした時点で、「きみよ、生まれてこい、わたしがありのままで受けとめる」という態度はとらなかったんだな、ということは事実だった。後悔とか、後ろめたさとか、そういうのじゃないけれど、でもたしかに、それは点のような空白として、わたしのなかに残っている。

心はまんま思春期へ

妊娠も16週目に入って、いわゆる妊娠4ヶ月も終わりごろ。つわりも快調につづくなか、わたしは北海道、大阪、福岡、そして東京へと飛行機で移動する日々。小説『すべて真夜中の恋人たち』のサイン会やそのほかの宣伝をやりつつ、このころは毎日しめきりがあるような状態で、日々、連載や依頼原稿の文章を書き、いまから思うとなぜあんな状況でそんなことができたのか（していたのか）、なにもかもが信じられない。

飛行機到着とともに吐き、新宿駅の真んなかで吐き、おみやげの干物をチラ見しては吐き、お鮨を食べに入ってもわかめを噛むことしかできない日々にも、さすがに慣れてきたころだった。

当時の日記を読んでみると、「今日は原稿2本、ラジオ4本、取材3件、そしてサイン会へ。これはひとつの限界かもな」とか「今日は書店まわりのあいまにトイレへ駆けこみ、紫色のものをリバースした」とか書いてあって、読むだけで、いまでも「おわっ」となるのだけれど、しかし人に会ったり仕事をしているとやっぱり緊張しているせいなのか、体調が少しだけ、ましなのだよね。だからサイン会の最中にも「ありがとうございますえろえろ」と吐くことはなかったし、どちらかというと、つわりのことも妊娠していることも忘れられるというか、そんな瞬間が多いのだった。そんなわけで、ぜったいにやらねばならぬ仕事の数々、この時期のわたしにとってはとてもありがたかったのかもしれないなあ。そんな感じをくりかえし、2011年の秋はぐんぐんと深まってゆくのだった。

おなかのほうは、ひきつづき、1ヶ月に一度、産院に行って様子をみてもらうというあんばい。

産院では、心なしかすこーしふくらんできたような、でも単なる脂肪であるような。そんなおなかに聴診器をあてて心臓の音をみんなできいて、げんきげんき！と安心し、それからおなかにゼリーを塗って白黒のモニターのなかで動くのをみて、そのあとは今後のこともふくめての指導なども。

この産院は（仮にM医院ということにしますね）、なんと最近ではめずらしく、妊婦の体重制限を設けないという考えかた。

個人差もあるだろうけれど、最近は8キロ増加ぐらいが優等生で、10キロ増加だとちょっと食べすぎで注意が必要といった感じ。

でもM医院では体重のことをいっさい問題にせず、いっぱい食べて、むしろ体重増やしていこうぜ、みたいなノリなので、正直ちょっと驚いた。つわりから解き放たれた妊婦にとって、体重管理がどれだけのプレッシャーであるかは想像に難くないので、この点はとてもうれしいのだけれど、M医院、じつはけっこう激しいエアロビクスを徹底的に推奨していて、つまり、「たくさん食べてもかまいませんが、運動はしてくださいね！」ということらしかった。逆からいえば、「エアロビしてたらどんなに食べても無駄に太るはずがない」というメッセージなのだったと思う。そ、そうだよね。いくら妊娠しているとはいえ、食べて寝て好きなだけ太っていい人間なんて、そりゃ存在しないよね……。

そのエアロビの推奨がどれくらい本気の推奨かっていうと、これがかなりの推奨っぷりで、併設しているスタジオに（4階まで階段でのぼってゆく）、「気がむいたら」などではなく、「ほぼ毎日くるように」という感じ。

体重管理のためだけではなく、エアロビは、安産と妊婦と赤ちゃんの発育にとっていいことずくめであって、とにかく、とにかく踊ること。エアロビを制するものは出産を制すという勢いで、みな、生む直前まで足をあげ腕をふり、汗を飛ばしながら踊っているという話なのだった。ほ、ほんまかいな。エアロビは嫌いじゃないけれど、しかし仕事があるからそんなに毎日通うわけにもいかないので、わたしは「エアロビ、いいですよねー」なんていって、カジュアルにへらへらと聞き流していた。しかしこれがあとあとわたしをあれほどまでに追いつめることになるなんて、このときはまだ知るよしもなかったのだった（この時点でもう、知るよしもないことばっかりだよ）。

ある日、いつものように検診にでかけていったおり、看護師さんが「もしも母乳育児をお考えであれば、お風呂なんかで、そろそろ乳首マッサージする習慣つけてねー」と教えてくれたので（母乳が当然！　ってな姿勢じゃなくて、正直好感をもちましたぜ）、ちょっとずつ意識するようになった。

乳首だけじゃなく、妊婦にとってマッサージ全般はけっこう重要なものらしく、ありとあらゆるマッサージ狙いのオーガニックオイルとかクリームがいろんなところで売られている。

なかでもみんなが早くから注目せざるをえないのは「妊娠線予防」のためのマッサージ。おなかやおしりや乳房や腰まわりがどんどん大きくなるにつれて、その脂肪のふくらみの速さに皮膚が追いつけず、ひび割れのようになってしまうのが、妊娠線。みなさんもみたことがあるのではないだろうか。そして、女性がみな忌み嫌っている「できたら最後、二度と消えることはない」という、この妊娠線を予防するほぼ唯一の手立てが、どうやら「オイルやクリームによるマッサージ」という話なのだった。

なので、まだどこもふくらんでいない状態から「妊娠線、おまえぜったいできるなよ」と祈りというか脅しというか、精一杯の念をこめて日夜せっせと肌にぬりこんでもむという、そんなあんばいで（わたしは「エルバビーバ」というオーガニックのブランドのものを使っていました。お湯に入れるソルトもここのもので、匂いがいいなあと思う程度であまり意識していなかったけれど、1年このお湯に入りつづけたけっか、肌の手ざわりが激変し、たっぷりつやつやになって驚きました。意識しなくても、継続はちからって感じがしました）、そしてその流れで、乳首マッサージをはじめることに。

きたるべき授乳にそなえて、いまからおっぱいが出やすくなるようにやわらかくする、というのが目的なのだから、とくに神経質になる必要もないのだけれど、しかし慣れないこと＆はじめてのことは、乳首マッサージというささやかな作業であっても、人を不安にさせるものである。「乳首が短めなのでひっぱるようにしてもんでね！」という看護師さんのアドバイスを思いだしつつ乳首を指さきでもみながら、「こ、これであってんのかなあ」と、つまんでもめばもむほど、なんとなーく心許《こころもと》ない気持ちにもなるのだった。

しかし適度な刺激を与えつづけるのが大事なんだから、まあ深く考えず、湯船ではオイルをつかい、そしてベッドで横になっているときには素のままで、とりあえず意識して乳首をさわるようにしようと軽い気持ちで臨んだのだけど、気がつけば、わたしは一日中乳首をさわっている人間になっていた。

エッセイの内容を考えながら乳首、つわりが終わったらまた食べ物をおいしいと思えるようになるのだろうかと不安に沈みながら乳首、肩こったなと思いながら乳首、メール書かなあかんなと思いながら乳首、しめきりのことを考えてしんどくなりながら乳首、あべちゃん今日なに食べんのいいなあうらやましいと声をかけながら乳首、おはよう乳首、おやすみ乳首、みたいな感じで、とにかくいつなんどきでも乳首をさわっているのが基本形、みたいなあんばいになり、しかしこのようにしてもなお、乳首が順調に授乳に適するような方向性でもってやわらかくなってくれているのかどうか、これがいまひとつわからないのだった。

ある昼下がりのこと。いっときだけ、ざあっと雨が降って、やんで、窓のほうに顔をむけるともう青空のかけらがみえていて、「まるで夏のようね……」とか思いながらベッドに横になって、わたしはいつものように無言のまま乳首をさわっていた。すると、なんだかこう……なぜなのか、懐かしいような、淋しいような、面映いような……とにかく、ひとつの形容詞ではとうてい束ねることなんてできないような感覚がしんしんしんとやってきた。やがて、その感覚がどんどん大きくなって、膜のようになってわたしを包みこんで、そのままどこかに流されるみたいにして、わたしは完全に起きているのにもかかわらず、なぜなのか、ずいぶん昔の思い出の夢のなかにいるような、そんな不思議な状態になっていったのだった。

それは9歳あたり。第二次性徴期をひかえた、あの時期の感覚だった。

自分はたしかに女の子に生まれたけれど、でも世界のどこにも、まだ、自分を不安にさせるような、隠したくなるような、こわいような、「性」というものが、なかった時代。

たとえば、すき、という気持ちはそれ以上でも以下でもなくて、すき、という気持ちそのものがあるだけで精一杯で、それはそこからどこにもつながらなかったし、つながる必要なんてなかった時代。その意味で、「異性」というものも、あのころの世界にはやっぱり明確には存在しなかった。9歳というのは、わたしにとってとてもしあわせだったそんな時代の、最後の時期だったのだ。

そして、もうすぐやってくるという、初潮。

そういうことを学校で習ったあと、ある種のこわさと興味をもって、おそるおそる自分の性器に指ではじめてふれてみたのが、たしかこのころだったのだ。

よくわからないけれど、でも、すぐそこで、なにかとても大きな変化が待ちうけているような感覚。これから自分はどこかちがう場所へ行かなければならないんだなという不安と喜びとがまじった、でも、あきらめのようなもの。いろいろなところがどんどん大きくなって、からだがきっと、どんどん変わってゆくんだなという思い。すりむいた膝のかさぶたのかたち。ブランコの柱の錆《さ》びた部分。雑草の高さ。裏の公園までの、渇いた土のかたさ。胸にできたふくらみのもと。みんなの笑い声。夏の、夕イヤの遊具の、うっかりやけどしてしまいそうなほどのあの熱さ。過ぎ去ってゆくもの。変わってしまうもの。そして、なにかをすき、という気持ちは、きっとそこで終わりなんかじゃなくて、そのむこうに、息をひそめた誰かに、なにかに、いつかきっとつながってしまって、なにかもっともっと遠くの、かたくて、こわい、そういうものがいる世界に、飲みこまれてしまうんじゃないかという、そんな予感。

初潮を迎えるまえの年の9歳のおわりに、わたしはそんな世界にいたのだった。そしていまとおなじように、こうしてあおむけに寝転んで、なんとなく性器に指をおいたまま、けっして言葉にはできなかったそれらの不安と恍惚みたいなものを、こんなふうにただ、感じていたのだった。

35歳のわたしは、35歳のからだのなかで、そのときのことをありありと思いだしていた。

いや、思いだしているというよりは、それらの感覚があまりに鮮やかすぎて、自分が本当に9歳のときの自分として、そこでただただ寝転んでいるのだった。35歳のからだと心で、まちがいなく、9歳のからだと心を再び生きているのだという実感が、わたしをいつまでもゆさぶりつづけるのだった。

乳首をさわるとやってくるようになった、この感覚。

まるでタイムマシーンのスイッチって乳首だったのかというような。

なんでこんなことが起きるのだろうと乳首をさわっていないときに少し冷静になって考えてみると、やっぱ初潮と妊娠、というとても大きなからだの変化を目のまえにしていたときの精神状態がとても似たものであり、それがリンクして時制をゆるがすのだろうなという、なんか単純なのか複雑なのかわからないけど、でもたぶん、そういうことなのだろう。

とにかくその甦ってくる、思春期の最初のさまざまが、せつなくて悲しくて、あんなことも、こんなことも、ってな感じでイメージが無限にあふれつづけて、いっぱいになって、胸が動いて、なんだかどんどん涙がでてくる。とにかくせつない。でも乳首マッサージはつづけないといけないから、わたしは一日のうちに何度も9歳のわたしになる、というのをこのころ、ほんとうに真剣にくりかえして生きていた。乳首をつまみながら涙を流しているのなんてはたからみれば完全に変態なんだけど、でも、自分でもどうしようもなかった。

あるとき、「具合はどうか」といって寝室に入ってきたあべちゃんが、乳首をつまみながら号泣しているわたしをみて、「えっ？　えっ？」と驚愕していたけれど、あとでこの感覚のことを話してみると、うんうんとうなずき、たぶん自分にしかわからないどこまでも頼りない感覚のことなのに、その細部にわたるひとつひとつのイメージや感情を、いつまでも真剣にきいてくれたのがうれしかった。

いまはもう去ってしまった、9歳と35歳を行き来していたあの感覚。またいつか、わたしを訪れてくれるようなことはあるのだろうか。

そして回復期

目がひらく。いつものカーテンが白く光っていて、朝になっている。時計をみると8時とか。まだはっきりしない頭をのせた上半身を起こしてぐりぐりっと首を回してトイレに行こうと立ちあがる。そこで……なにかがいつもとちょっとちがうことに気がつく。あれ？　なんかちがう。なにかが変。あれ？　なにがいつもとちがうのだろう……立ったまま、しばらく考える。そして、わたしは知るのだ。そう、つわりが終わっていたことを!!

まじか!!　と心のなかで叫びながら、もう一度ベッドに寝転んで、のけぞったりうつぶせになったりひねったりして姿勢を変えて、どんな状態でも吐き気がやってこないことを確認する。ないないないないない吐き気がない！　信じられない！　信じられないけれど、でも、ほんとに気持ち悪くない。これってつわりが終わったってことなのか……？
まだ信じられないけれど、でもやっぱり気持ち悪くない。試しに、吊るしベーコンのことを思いうかべてみる。あのしましまになった脂の部分。吐き気こない。瓶詰めのアンチョビ。べつに気持ち悪くない。じゃあ排水口は……い、いける。これまでちょっと思いうかべるだけでも即座に吐いていたこれら三大ビジュアルを難なくクリア、これはまじでつわりが終わったのかもしれん……ブログや体験談でみんながいってた「霧が晴れるように、ある日、つわりは去っていた」ってのは、本当だったんだ……わたしは胸の底からため息をつき、この数ヶ月、待ちに待ち焦がれたこの瞬間がいまここにあることを、しみじみと、本当にしみじみと、噛みしめたのだった。

そこからのわたしの食欲は、これまでに体験したことのないほど凄まじいものだった。

それはもう村上春樹さんの『スプートニクの恋人』の冒頭じゃないけれど、まさにあんな感じのとめようのない竜巻き加減で、砂を巻きあげ電信柱をなぎ倒しながらどうじにプールの水を飲み干すぐらいの勢いで、とにかくもう、完全に食欲のリミットが解除され、みるよりもさきにまず食べてみるか、みたいな精神状態になっていった。冷蔵庫にあるもの、まだないものまでが順当にわたしの胃に収められ、すべての食物が即座に「食べたいもの」に変化して、わたしは『北斗の拳』のボウガンをもったザコキャラよろしくヒャッホウ！　と快調に飛び跳ねながら嚙みついて、とにかくすべてを食べ尽くしていった。

驚いたのは、なにを食べても、頭がおかしくなるくらいにおいしいこと……。これまで食べものがこんなにおいしかったことなんてあっただろうか。

いや、ない。本当にない。なんか、味覚の解像度がこれ、まったくぜんぜんちがうのだ。なにを食べても——それがどんなにシンプルな、たとえばおくら、とか、ねぎ、であっても、そこにある「味」の厚みというか層のすべてが瞬時に脳に反映される、みたいな感じで、とにかくなにを食べても嚙むほどにそのおいしさがひきのばされて、気がつけば50メートルくらいになってて、そのうえをただひたすらにごろごろーと甘えながら転がってゆくような……あるいは、舌においしさを感知する部分があるとして（あるんだろうけど）、わたしの全身がその部分になっておいしいエキスの入ってる壺みたいなのにどっぷりつかって着色されてゆくような……あの時期、食べものじゃなくてもたぶんなんでもおいしかったんじゃないだろうか。

とにかくわたしは食べつづけた。

もう自分が数日前まで起きあがることもできず、ただ横になって涙を流しながら乳首ばかりをさわってゆううつに呼吸だけをしていたことなどいっしゅんで忘れ（乳首マッサージは続行していましたが）、文字通り爆発&増殖してゆく食欲にひきずられるまま、焼き肉、焼き鳥、タイ料理、韓国料理、焼き肉、焼き肉、スパゲティ、スパゲティ、タイ料理、スパゲティ、みたいな感じで、ごはんはもちろんまんが盛り、肉の大きさは『ギャートルズ』、もう「世界中の食欲の秋、まかせとけ」みたいなあんばいで、なにもかもを食べつづけた。

妊娠以前は食べる習慣のなかったお菓子やジュース、そして、べつに一生食べへんくても支障あらへんな、と思っていたパン類が異様においしくて、厚切りトーストに3センチくらいのよつ葉バターをたっぷりのせて、そのうえにめいっぱいのはちみつをかけ、「ちょっと時間あるな」と思えば「食べとこか」みたいな思考になり、ポテトチップスの旨味調味料のやばさに至ってはもうイアン・マキューアンの『ソーラー』の描写そのままを永劫回帰しているような、そんなありさまだった。

ある日、先輩妊婦のミガンとラーメン（もちろん大盛り）を食べていたときのこと。わたしの凄まじい食欲をみながら、

「すごいよな……そらわたしもすごいけど、あんたもたいがい、すごいよな……でもさ、男の思春期の性欲とかって、たぶんこの何十倍もすごいんやろうな……」

としみじみいうのだった。

ミガンのおなかにいる赤ちゃんは男の子と判明しているので、このようにときどき暗い気持ちになるのらしい。

そして、「ああ、ゆううつやわ。いつかくるであろうこの子の思春期が」とさらに深いため息をついた。

自分の無垢（だと思いこんでいる）な食欲がいきなり男の性欲とつながるとは思ってなかったけれど、しかし欲ということでいえば、まあ根はおなじなんである。

十代の男の子の性欲か……まあ、十代にかぎらず社会的な地位や実績や家庭や、これまで培《つちか》ってきたすべての信頼を全なしにするリスクを背負って、そして文字通り崩壊しながら、男とは、強姦をはじめとして痴漢とかのぞきとか盗撮に走る、じつに愚かな生きものでもある（もちろん女に皆無というわけじゃありませんが、数としてね

……）。

「女なんかそんなもんだろ」と思っているような男はむろん論外として、その衝動を自制できない男は死んでくれとまではいわないけれど、しかし一歩も家からでてくれるなとは強く思うわけであって。そんなことを考えながらラーメンを食べてるとなんだかふつふつとした怒りと不安めいたものがこみあげてくるのだった。しかし「この食欲の何十倍もの性欲」というものをちらっと想像してみると、なんというかそれだけでもこう、ぞっとする話ではあるのだった。

わたしはこの時点で、なーんの根拠もなく自分のおなかにいるのは完全に女の子であり、なーんの疑いもなく自分は女の子を生むのだろうと思いこんでいた。なので、基本的には「そやな、男を育てるのはたいへんそうやな」とこれまたカジュアルなあいづちを打っていたのだけど、ミガンのゆううつは「どうしよう。性犯罪者になったら。どうしようもない変態で人様に迷惑かけるような男になったらどうしよったらええのやろう」とさらに延長し、しかしこれは、じっさい深刻な問題ではあるのだった。どのように育てたらどのように育つ、という理論のいっさいが通用しないのが子育ての原理であって、子どもにかんする責任は、その子が何歳になろうと（とくに日本では）、親が問われることになっている。べつに問われるのはよいのだけど（問いたくはないが）、生まれたわが子を犯罪者にしてやろうともくろんだ親はたぶんひとりもいないはずで、どの犯罪者も、どの大悪党も、最初はこのように人のおなかからでてくるだけの、ただのかたまりであったはずなのだ。

　みながそれぞれの場所でそれぞれの最善を尽くす気持ちがあるのに、世界は決してそのようにはなりはしない、それはぜったいてきに、そうなのだ……そのことを思うとだんだん食欲もなくなって……こないのがわれながらすごいけど、でも、人間が無限に編みだしてゆくすべての関係は、なにがどこに作用した結果、そうなるのかわからない。誰にもわからない。それに女の子をもつ親の心配はまたちがうレベルで凄絶であるに違いなく、こちらのほうがよりじっさい的で、現実的で、そして深刻であるはずだった。そう、これから自分が生もうとしている人間の、可能性としての加害と被害について考えると、ほんとうにこれ、無限にゆううつになってくるんである。

　ああ。つまり、人があらたに人をつくるということは、なんというか、基本的に無茶苦茶なことというか、ある部分での人間の能力を超えたことでもあるというか。

　でも能力の範囲内だからこのようにできてしまうことでもあって、いったいなんなんだろうこれ。いずれにせよ、今後はさらにいっそうの、いくつかのものすんごい覚悟が必要なことであるにはまちがいないような気がするのだった。

そのような「漠然とした、けれども具体的な不安」と「食べものめっさおいしいなにこれ」がミックスされた日々を過ごしながら、わたしの体重は確実に増加していった。

母子手帳の記録を見ると、12月20日の検診の時点で52キロ。妊娠まえからでいうと、3・5キロ増しである。

「へえ、あれだけ食べて3・5キロしか増えてないんや……楽勝やな」みたいな感じですっかり気分をよくしたわたし（この時点でかるく麻痺《まひ》してるよね）。

「パイの実」を連続で5箱たいらげ、スパゲティはついに一度に200グラムを超え、厚切りの食パンは一日に3枚を平気で食べるようになってしまったのだけれど、このころはまだ健診にいくのがひと月に一度だったので、日々の体重の増加のスピードを直視せずにすんでいた。でも、なんかだんだん、体が重くなってきて、顔がまるくなってきて、おなかなんてまだでないはずなのに、気がつけばもわっとふくらんで、どこからどうみても完全に妊婦のおなかになっているのだった。

こ、これは……なんかいやな予感がしたけど、でもわたしは妊婦なのだ。人をひとり、このふくらんだおなかのなかで育てている最中なのだといいきかせつつ、「ってゆうか、いま、おなかの赤ちゃんどれくらいの重さかなっ⁉　おなかがこんなにでてきたのやもん、かなり大きくなってるよね⁉」と、例のわたしの虎の巻で調べてみたところ……信じられないことに、100グラムだった……。

100グラムて。じゃ、じゃあ増えた3・5キロの体重とこのおなかのふくらみは……むろん赤ちゃんの大きさには関係なく、これらは単なる、純粋な、わたしの個人的な、あまりに個人的な、脂肪以外のなにものでもないぜい肉なのだった。わたしはただ、太っただけであるのだった。妊娠、関係ないやないか……と軽く青ざめ、でももう、食欲的に後もどりする自信なんてない。どうなるんだろう。これで赤ちゃんが大きくなってきたら、わたしの体はどないなってしまうのやろう……とか思いつつ、どれ、そろそろ3時じゃん。書斎にいるあべちゃんに、ヨーグルトにバナナ、そしてベリー各種をのせたおやつをもっていったら、

「この量……みえ、これはおやつやない。かといって、主食でもない。主食の量をも超えている。おれはいま、あらためて妊婦の食欲を思いしらされている」

と静かにいわれた。わたしとしては、ほーんの少し、あべちゃんに気をつかってボウルにちょっとだけ盛ったつもりなのに、なんか、ちょっとずれてたみたい。

このようにして、妊娠5ヶ月、つわりからの回復期はとりあえずゆるゆると過ぎていったのだったけど……。

安寧の日々もつかのま、本当につかのま、わたしはこのあと、「ホルモン」という名の分泌《ぶんぴつ》物の真の実力というか本性というか、底力をいやというほど思いしらされることになるのだった（そんなんばっかり）。

恐怖のエアロビ

食欲旺盛にもほどがある日々を、なんの反省もなく過ごすこと約3週間。

また、そろそろ健診にでかけねばならぬ時期になり、わたしは母子手帳とともに区役所で交付してもらった補助券をもって、M医院にでかけていった。

人気がある産院のせいか、先輩妊婦であるミガンから「今日は3時間待ったわ」とか「今日は2時間待ちやった」とか聞かされていたのだけど、ありがたいことに、わたしの場合、ここに通った1年を通して待たされたという感じがあまりないのよね。

しかしM医院は、予想はしていたけれど、ちょっと高い。

なにが高いって診察費がやっぱりこれ、高額なのだ。出産にむけての通院をM医院以外でしたことがないので他院のくわしい事情はわからないけれど、聞くところによると、普通分娩のスタンダードな産院の場合は、毎回毎回の診察にお金がかかることってほとんどないのだそうだ。

というのも、妊娠すると、自動的にさきにも書いた補助券というのをもらえるから
で、だいたいはそれで相殺されるのらしい。けれどM医院や、ほかの無痛分娩の産院
では、保険とのかねあいなのかなんなのか、独自のお会計システムというかルールが
あるようで、毎回補助券を出してもプラス（少ないときでも）6千円〜、平均して1
万数千円〜を支払うことになっており、補助券が切れる最後のほうなどは数万円にも
なったりして、これが、も、毎回なのである。

ま、費用のくわしいことはあらためて書くとして、とにかく今日からは2週間に一
度の健診の時期に突入する6ヶ月。あわただしく、しかしねっとりとはじまった妊娠
生活も、早いものでもう折りかえしなのだなと思うと不思議だった。脂肪がついただ
けで、まだそんなにおなかも大きくなってないしなあ。

検診ではまず血圧を測り、検尿をしてタンパクと糖の多さを調べ、むくみをチェッ
クし、診察室に通されてから体重を測り、そしておなかまわりを測定する。子宮のだ
いたいの大きさをおなかのうえから推定して、毎回この7つの数値が母子手帳に記録
される。今日は1ヶ月ぶりで久しぶり。体重はどれくらい増え、そして子宮はどれく
らいふくらんだのだろうか。なにより、赤ちゃんは元気なのだろうか。今日は顔がみ

えるかな。少しうきうき、うれしいような気持ちでもって、わたしは診察室のドアを明るく開けた。

「よろしくお願いしまーす！」と愛想よく入っていったわたしの顔をみて院長先生は（かなり若くみえるけど、もうここで40年ほど院長を務めている、けっこうお年を召した男性の先生です）、「こんにちは」とかの挨拶もないままに、いきなり「何回め？」ときいてきた。はい？　先生ってばいったいなんのことをきいてるんだろうか。ここにくるのが何回めかってことかしら。えー何回めだろう……なんてもごもごしてると、

「エアロビ。エアロビ、いま、何回め？」

院長は、最初にこのM医院を訪れてからエアロビに何回参加したのかを、わたしに問うているのだった。

「もう20回は超えてるころかな？」

20回どころか、じつはまだ、例のエアロビ教室に入会すらしていないわたしだった。どころかエアロビのことなんて頭から完全に消え去ってかけらも残っていないわたしだった。

っていうか、どう考えても無理でしょう。つわりでなにもかもが無茶苦茶だったこ

の数ヶ月、仕事するのもやっとだったのに、とてもじゃないけど踊るなんてそんなこと人間には不可能、っていうか、エアロビのことなんて、わたしはこの数ヶ月のあいだ一度だって思いだしたことなんて、正直いってまじでなかった。

正直に。そう、きかれたことに、わたしはただ正直にそういえばよかったのだけれど……しかしこの診察室という聖域というか特殊空間には圧倒的な主従めいた力学が働いていて、そんな能天気な本当のこと、口が裂けてもいえる雰囲気じゃなかったの。「エアロビ？　あ、ぜんぜん忘れてましたすみませーん、てへっ」なんてことは、ぜったいにどんなことがあってもいえない雰囲気を、院長はもわもわにかもしだしていたのだった。

彼は、男性なのか女性なのかもうわからない、性別を優に超えたこれまた圧倒的な存在感で目のまえに座り、なによりもわたしの体のなかから新しい命をとりだしてくれる予定の、この世界にたったひとりの先生なのだ。

そんな先生が、口をひらくや否やわたしにきいたのは「体調はどうですか」でも「気分はどうですか」でもなく「エアロビ何回め？」なのだ。このことから、〈院長の考える出産＝院長の人生〉にとって、なによりも重要かつ優先されるべきものは、どこまでも本気のエアロビそれ以外のものでは断じてない、という気迫というか事実であって、その重さがどわんと伝わり、そんな先生を目のまえにして「エアロビのことなんて完全に忘れてた」、なんて、どんなことがあっても、ぜったいにいえなかった。

嘘はあかん。嘘はあかんよ。わたしは高速で自分にいいきかせた。なによりもエアロビ教室とこの診察室は連携関係にあるのだから、そのとき逃れの適当なことをでっちあげたところですぐにバレてしまうのである。この窮地をミガンはどうやって切り抜けたのだろう。にしてもあの子！　エアロビ対策についてなにもいってくれてなかったやないの……！　とかいろいろなことが頭を駆けめぐるなか、ふっと口をついてでた言いわけはこうだった。

「つ、つわりがひどくてですね、ついこないだまで寝たきりの生活を過ごしていました」

これは嘘じゃない。っていうか事実。っていうか真理。

「で、やっとこないだから、回復しましてですね、それで……」

先生はうなずきもせず、わたしの目を高貴な鷹のような目でじいっとみつめたままだ。

「まだ、こちらには登録というか、入会してないんですよね。あの、寝こんでいましたから。家で……」

ちらっちらっと先生の顔をみながら、かろうじて嘘はつかずに真実を述べたわたしは深呼吸をして、院長のリアクションを待った。すると院長はさっとにこやかな笑顔をつくって、

「……つわりもね、エアロビしてたら軽かったはずなんだよね」

えええええええええと叫びそうになったけど、でも、もちろん叫ばなかった。そ、そうですよねえ、と相づちを打つわたしに院長は、

「じゃあ、入会してね、これからでも間にあうから、とにかく踊って、汗かいてください」

は、はい……とわたしは返事をして、その日はおひらきになったのだった（この場合は、おひらきっていわないか）。

家に帰って、院長による本気のエアロビ推しについてあべちゃんにすぐさま報告した。

「あれは本気やで。エアロビやらんかったら、生ませてもらわれへんような気するわ」

「そうか」

　とりあえず（仕方なく）、入会したけれど（これまた高い）、でも仕事があるし、毎日エアロビクスしに行く気力も体力も余裕もない。いや、それまで存在しなかった気力や体力や余裕を、出産へむけてつくるためにエアロビをするんだよ、っていう解釈もあるだろうけれど、2週に一度、健診に通うのだって「ああ時間がない」といいながらやっているのに、やっぱり無理。わたしはミガンに、いったいどうやっているのか（どうやってごまかしているのか）を聞くために電話をかけた。

「エアロビ行っててんの」

「行ってないよ」とミガンは当然ぶった声でいった。

「行ってないよな！　だってミガンなんか仕事あるしぜったい的に無理やんな！　時間ないよな！」とわたしはがぜん頼もしくなり、思わず声が大きくなった。

「あるかいなそんな時間」

「そうやんなっ、そうやんなっ」

「そうや」

「でも、めっさプレッシャーやんか……先生」

「でも無理やもん」

「無理よなあ」

「むりむり」

「じゃあどうしてんのよ」

「え、わたし？　わたしは、ほれ、受付のところでDVD売ってるやん。あれを家でやってますって感じにしてる。なんとなく」

「まじか」

「そうそう。きかれるやん、入ってすぐ。そしたらめっちゃ自信たっぷりな感じで『家で1時間くらいしてます！』っていって、それでその話題は終わりな感じにするねん。それでもちゃんと通えっていわれるけれど、わたしってそういういわゆる先生方面からのプレッシャーをスルーするの得意やねんなあ、昔から。そやからけっこういけてる」

「まじか」

「だって、通うなんかぜったい無理。併設スタジオに入会してそこに通うことが目的なんじゃなくて、エアロビすることじたいが目的やねんから、家でやればそれでまったく問題ないはずやん」

だからといって家でやってるわけでもなんでもないミガンだけれど、しかしまあ、そのとおりではある。何万円も支払って、ない時間を削っていくより、DVDで、ぜんぜんいいですよね。

でも、こないだ先生は、たしかこんなこともいっていた。

ひとりでやっても意味なくて、みんなで汗を流すことが大事なんだ、って。じゃあ、併設スタジオじゃないけれど、でも家の近くの、もしくは自宅のスタジオでやってるよ、というふうにしておけば、誰も傷つかず、誰もストレスがたまることもなく、万事快調ってな具合にすべてが収まるのではないだろうか。で、わたしは家で、やれるときにDVDをみて、ちゃんと汗を流す、と。場所の設定に若干の飛躍があるような気がするけど、思いこめばリビングだって、スタジオっちゃあスタジオであるような気がしなくもないではないか。オッケー、これからはこの設定でいこう。わが家のリビングは今日からスタジオも兼ねるようになったのだ。そんなふうに固定されると、なんだか少し、肩の荷がおりたような感じがした。

そして翌週。

「いま何回め？」

という先生の言葉をわたしは笑顔で受けとめ、そして華麗にきき流して、つぎのように答えた。

「あ、入会はしたんですけれど、エアロビはべつのところでやってるので……」

いっしゅん、院長先生の顔がぴたっと静止したようにみえたけど、ほんとのところはわからない。するとつぎの瞬間「どこで？」という質問が飛んできたので、わたしは用意していた「自宅のリビング＝スタジオ設定」を思いだし、あの、家のスタジオで……と答えようとしたのだけれど、なんかやっぱりでもそれは、家にスタジオってのは、ちょっと飛躍があるし解釈としてやっぱ問題あるかも、と瞬時に思い直し、とっさに口をついてでたのが、

「あ、あの、家の近所の、スタジオで……」

だった。

思ってた以上にうろうろと自信のない声がでて、わたしはそのことにまず焦った。なんだよ！　もっと堂々といわないと意味ないじゃん！　この程度の嘘つくのにこの体たらくかよ！　情けないことこのうえないわ。表情だって頼りなかったにちがいない。でも、いいだろう。これで説明はついたのだ。どこであろうとエアロビはエアロ

ビなんだもん！

「どこの？」

「へ？」

そこで話がきれいに終了すると思っていたわたしは先生の質問にへんな声がでた。

「どこの？　なんていうスタジオ？」

「ど、どこのって……」

エマージェンシーである。イメージ上の赤いランプが点滅してわんわんいい、酸素が完全になくなるまであと3秒、みたいな感じだった。しかしわたしは、小説家である。嘘を書き、日々の糧《かて》を得ている、いわば嘘のプロフェッショナルでも、いちおうあるのである。これくらいの窮地、受けてたったるわ……と鼻の穴をふくらませたわたしの口からでてきたのは、

「隠れ家的、な、スタジオっていうかその……」

わたしは、わたしにゆうたりたい。隠れ家的なスタジオっていったいなんだよと。そして隠れ家の使いかた、完全にまちがってるから、と。

そしてわたしは、翌日から週に3日のペースで併設スタジオに通うようになった。スタジオには臨月の妊婦、中期の妊婦、妊娠が発覚したばかりの妊婦が大勢いて、ほんとうにものすごく足をあげて、額に汗をかきかき、猛烈に踊っている。はじめての日は、死ぬかと思った。でも、ひいひいいいながらも汗をかくと、なんだか爽快感かつ達成感がものすごくあるのも事実で、「エアロビ、あるで……」と、なんだかちょっとうれしかった。

スタジオでは不正ができないように、カードにスタンプが押され、その日のことをこまかく記入するためのファイルがひとり1冊、用意されている。院長先生の顔が目にうかぶ。エアロビを制するものは、出産のすべてを制するのだ。踊って、踊って、踊りまくれ！ ……ハッ、これって『ダンス・ダンス・ダンス』っぽい……なんかいいかも……！ とか思いながら、しかしこのような管理下におかれ、これからの約半年、わたしはこの任務をまっとうすることができるのだろうか。や、エアロビは任務でもなんでもないのだけれど……とにかく、この年齢になってまで、先生の顔色を気にしながらなにかをがんばるなんて思ってもみなかったし、そう思えばまあ、これはこれで悪くないかな、とも思うのだった。しんどいけど。

かかりすぎるお金と痛みについて

わが家には財布がみっつある。

わたしの財布、あべちゃんの財布、そして家計の財布である。

独立採算制なので、たがいの収入についてのくわしいところはまったく把握しておらず、みっつめの財布におなじタイミングでおなじだけの金額を入れ、なくなったらそのつど足してゆく、という段取りになっている。この財布はおもに現金用で、各種引き落としはそれ専用のカードをつくってあって、こちらにも毎月、おなじタイミングでおなじ金額を振りこむ、というあんばい。

なんて書くといちおう生活のための経済システムができあがってるような感じがするんだけど、でも、ぜんぜんそんなことない。食費ひとつとってみても月によって大きなばらつきがあって、

「毎月、決められた予算のなかで家計を回す」からはほど遠い、まったくのどんぶり勘定で生きている。

でもまあ、これはしょうがないところもあって、しめきりがかさなると食事をつくることもままならなくて出前に頼ることになるし、買い物にも行けないときがつづいても、やはり出前に頼ることになるんだよね。

「働いてるから仕方ない」を念頭に、あまり深く考えないようにしているけれど、しかし収支がはっきりするとそれはそれである種のすがすがしさも芽生えるわけで、しかしこれが難しい。あらためて、あらためてですよ、連動した家計と食とをしっかりと守って家庭を運営している世のなかの母親の（もちろん父親もいるかもしれないけれど）能力の高さ、そのすごさにため息がでる。冷蔵庫のなかの食べものの把握と管理と買いだしだけでもひと苦労なのに、そこにまだ小さいお子さんがいれば、ほんとにもう母親の労働の大きさたるやいかばかりだろう。

母親の苦労についてもやまもりに書きたいけれどこれは後々にゆずるとして、お金の話。

これまでにも何度か書いたけれど、わたしは無痛分娩を選んだので、いわゆる普通分娩よりも高額の費用がかかる。

これもざっくり計算だけれども、普通分娩の場合、健診とかもろもろをあわせて最初から最後までで約60万円、といったところだろうか。出産時に国から42万円が支給されて、そして健診費用は補助券でほぼ相殺されるから、イレギュラーなことがないかぎり、まとまったお金がべつに必要になるということはあんまりないみたい。

いっぽうの無痛分娩は、国から支給されて産院に直接支払われる42万円とはべつで50万円を振りこまなければならない。国から支給される42万円とあわせて100万円近くが必要になり、くわえて、健診ごとに平均1万円前後の支払いがあるので（産後、退院するときにももろもろで20万円弱を支払った）、健診だけでも20万円、それらをあわせるとざっと140万円ほどで、ざっと計算ではあるけれど、まあ軽く倍以上がかかる計算だ。

「なんでこんなに高いかよ」といえば、やっぱり日本においては無痛分娩がまったく一般的ではないからなのである。

なぜ欧米諸国のように無痛分娩がポピュラーにならないのかといえば、まずは「高額であるから」なのかもしれないけれど、でもこれも鶏がさきか卵がさきかで、難しいところなのだ。

無痛分娩にぜったいに必要な麻酔医の確保、と、設備の費用、というのが高額の理由のツートップ。それはまあわかるのだけれど、なぜ欧米ではおなじ条件でそれほどまでの高額にはならず、その結果、一般的な選択肢として無痛分娩が普及しているのに、日本ではそんなふうにならないのだろう。

そこには、利権とか長い時間をかけてつくりあげられたさまざまな常識や構造を温存させる力学とか、いち妊婦には想像もつかないさまざまな理由があるんだろうけど、そのなかには、伝統的出産の理想、すなわち「痛み信仰」というものがひとつ、あるような気がする。

これは妊婦自身にある信仰じゃなくて、社会やまわりの人たちのムードに、ということ。

「おなかを痛めて生んだ子」

「痛みを乗り越えてこその愛情」

とか、その手の信仰を疑わないところで出産まわりの設計が長らくできあがってきていまもずうっと維持されているから、経済面&精神面の両方において、妊婦にはそもそも選択肢もないというか、そんな状態ではあると思う。

だって、わたしだってじっさい、「無痛分娩で生むんですよ」っていいにくかったもん。

このことにかんして男性の意見はわたしにとって最初から存在しないも同然なので、男性が無痛分娩や普通分娩にどんな理念とイメージをもってるのか、そもそも知らないというのか興味がない。しかし、女性同士のあいだでもいいにくい雰囲気、たしかにあった。さきに無痛分娩を経験している人か、おなじように無痛分娩でこれから出産に臨む人だったら問題ないのだけれど、普通分娩で生んだ人や出産経験のない人と話すときは——もちろん全員じゃないけど、やっぱり「！」となることも多かった。

出産にかぎらず、人はなぜか自分の選択したことやものが正しく、またよりよいものだった、と思いこみたいところがあって、それがときおり顔をだすのよね。だから「無痛なんですよ」というと「無痛もいいけど、麻酔とか、けっこうこわいっていうじゃない……」からはじまって、「でもやっぱり、痛みって大事だと思う」みたいな流れになって、「いろいろあるけど、わたしは自然分娩で生んでよかった」みたいな話になってしまうことも多いのだった。

ほかには「えー、小説家なのにもったいない」というのもあった。

そういう痛みは小説家としての経験になるのに、それをみすみすないことにするのがもったいない、ということなのだろうか。

「アーティストなのに気合入ってないよね！」ともいわれた。でも、いわせてもらえば、そんな「体験を世界から恵んでもらいたい根性」で小説書いてるわけじゃないし、小説ってべつに人生とか体験とか関係ないところで成立するから小説なんであって、こういうなにもかもを一緒くたにする「女の一生ありがとう」的な発想には、ほとほと疲れるところもあった。

っていうか、ふつうに考えて、痛みって、あるよりないほうがいいと思うんだけど、ちがうのだろうか。

だってものすごいダメージだよ。それがとりのぞける場合、とりのぞくことになんのためらいが必要なのだろうか。

当人が「痛みを経験したい」って思う以外にその人が痛みを引き受ける道理はないと思うけどな。他人が人に「痛みを味わったほうがいい」なんて、たとえ口にはしなくても、そう思える発想って、かなりおかしいと思うのだけれど。運動にせよ苦労にせよ、「痛み信仰」が日本にどうしようもなく根強く残っているのは理解しているけれど、でも、出産以外の手術とかで、その「痛み信仰」を発揮してる「痛み信者」なんて、みたことないよ。他人に痛み信仰を押しつける痛み信者には、どうか出産以外でもその正当性を体現していただきたいものだ。

ああ、それにしても。出産にまつわることで、ひとつでも多く、妊婦に可能な選択肢が増えてほしいなと思う。もちろん選択のあとの責任は自分にあるけど、選択肢がいくつかあるってことは、ひとつじゃないってことだから、それはさまざまな精神的な余裕にもつながると思うのだ。仮に、まったくおなじ費用で、普通分娩か無痛分娩かを選べるとしたら、無痛を選ぶ妊婦が増えると思うし、増えてほしいなと思う。でも高いんだよね。どうにか安くならないものか。

日々、そんなふうな雑念や仕事に追われていて、具体的なことが追いつかないわたしだったけど、年も明けて、そろそろ、なんていうのか、出産のときに必要なもの、赤ちゃんの生活用品などをそろえたほうがよいような気がしてきたころだった。がしかし、いわゆる赤ちゃん雑誌の類を一冊も買っていないわたしは、なにがどれだけ必要なのか、さっぱり見当もつかない。

ネットでちらりと検索してみると、必要なものがずらりとでてくるのだけど、その大半が意味不明。産褥《さんじょく》帯とか、母乳パッドとか、ガードル各種に、赤ちゃん用品にしても、肌着だけでも短いのや長いのと、そして哺乳瓶にいたってはもう何種類もあって、一気に、本当に一気に不安になった。このすべてを把握するのはいまのわたしには到底無理だと直感して、ブラウザを閉じた。

とにかく、とにかく、出産と育児に必要なすべてのものがそろっているという「アカチャンホンポ」なる場所へ行けば、きっと流れみたいなものがあって、買うべきものが示唆されているんじゃないか……とにかくアカチャンホンポにさえ行けばこの不安は解消されるはず……そういう現実逃避に身を任せつつ仕事をしながらも、「このままだったら、なにも用意せずに出産をむかえるはめになるかもしれん、わたしの場合、まじでありえる」という不安が日ごと大きくなり、その不安に耐えることができなくなって(『不安』が『後回し根性』に打ち勝った瞬間でもあった)、時間をみつけてあべちゃんとふたりでアカチャンホンポへ行ってきた。

しどろもどろになりながら購入したものは大小様々だったけど、わたしたちが出産まえにアカチャンホンポに足を運んだのは、この1回。自由業なんだから何回かに分けて行けよ……といまなら思うのだけど、この1回の買いものにわれわれはもてる知識と焦りのすべてを投入し、とにかく買った。すべてのものがなんでもよい、と思っていたわたしだったけれどベビーカーだけはべつで（わたしはのちにベビーカージャンキーになるのだけれどそれはまた後日……）、この日は買って帰らなかった（←いま思うと当然だよね、まだ早いわ）。

おむつとミルクとベビーカーとベビーベッド以外で必要だと思えるものをとにかく買って車につめこみ、お会計は7万円ほど……これが駄目な買いものか、妥当な買いものであるかはわからなかったけれど、疲れ果てて反省する気力も残っていなかった。とにかく第一段階はクリアしたような、していないような。

帰宅して、袋のままリビングの隅っこにおいた荷物をじいっと眺めると、「ああ、赤んぼうがやってくるのだな、今日買ったものを、使うときがくるのだな」と漠然と思い、肌着の袋をひとつとって、中身を取りだして広げてみた。

人型、というものには、なんだか未来と過去の両方を射程にした独特の訴求力があって、「ああ、これがいまはおなかのなかにある赤んぼうの体をくるむときがくるのだな」と思うと、嘘みたいな、なんともいえない実感がこみあげてきた。

それから哺乳瓶を手にとって「これを使う日も」、おしりふきシートのパッケージをみて「これでおしりをふくときも」などと思い、はたからみればまるで検品かレシートチェックでもしているようにみえたかもしれないけど、過去ではなく未来へ、気持ちをむかわせるなにかのちからを感じながら、その夜は1時間ほどリビングの隅でそんな時間を過ごしたのだった。

生みたい気持ちはだれのもの？

年が明けて1月もすっかり終わってしまい、妊娠も25週を越えたころ。

おなかはまだそんなに大きくはなっていないけれど、しかしもちろん、ぱっとみれば、あなた妊娠してますね！　と、わかる程度には大きくなっていて、みために妊婦感が色濃くなってはきているのだった。

しかしそれよりもなによりもすごいのは、おなかのなかで赤ちゃんの動きまわるその激しさ。感覚としては腸が独自に動く感じというのかしら。蹴る、という明確な感じではまだなくて、腸にたまったガスがちょっとかたまって、それがぐるぐるまわっているというような、そういう感じ。

そして、食欲はあいかわらずの旺盛ぶりで、3食はむろん欠かさず、ある日はおやつにスパゲティとチョコバナナワッフル&ソフトクリームを食べていたりしているのだから、いまからじゃ、これはちょっとさすがに信じられない量である。あべちゃんは、ため息をついて「それくらいにしときなさいよ……」というのが、口癖になっているのだった。

それにしても、こうやって妊婦は快調に太っていくのだな。

そして、つわりのはじまりにしても、終わりにしても、そのあとのもろもろにかんしても、妊娠中の体って、ほんとうにもうそれは教科書どおりに変化していくので(ありがたいことでもあるんですが)、そのことにちょっと驚いたりもするのだった。意志とかそういうのが、まったくちからをもたないような、そんな気がして。

ちょうどこのころ、テレビで政治家の野田聖子さんの妊娠、出産、そして生まれた息子さんの闘病のドキュメント番組が放送されて、大きな話題になった。わたしも直前に放送のことを知ってみることができたのだけれど、自分が現在、妊娠しているということもあって、いろいろ考えさせられる、なんともヘヴィーな視聴になった。

日本では認められていない不妊治療を外国で受け、そして赤ちゃんを授かったのだけれど、生まれてきた赤ちゃんは複数の障害をもっており、生まれた直後から度重なる手術を受けつづけなければならない状態で、番組はその様子を詳細に記録する、という内容だった。

放送後、いろんな人がいろんなことをいったけど、わたしが最初に抱いた感想は、「野田聖子の人生は、野田聖子の人生だよな」というようなものだった。

「子どもがかわいそうだよ」っていう意見がとても多かったけれど、でも、ある人が、「50歳で子どもがほしいと思って、実現できる状況があったのでそうした」ことと、「たくさん障害をもって生まれてきて手術で痛い思いをする子どもがかわいそう」という共感と現状のふたつには、やはりなんの関係もないと思うからだった。ある人がそう生きたい、と思うことに、思ったその時点で、どうして他人がそのことに口を出すことができるだろう。動機と結果のこのふたつは混同されがちなんだけど、はっきり、べつのものだと思う。

だから、生んだ野田聖子さん本人だって、そんなふうにたくさん痛い思いをしなければならない息子さんがかわいそうだ、ふびんだ、と思うだろうし、思ってよいのだし、思うのはふつうのことなのだけど、もしそういうことをテレビのなかで口にでもしたら、「そんなふうに自分が生んでおいて、どの口がいうのか」、と条件反射的に嫌悪感を示す人が、きっと、すごく多いんだろうな、というような気がした。

基本的に「年齢もこんなになってから生むなんて、この出産、野田聖子さんのエゴすぎる」っていう先入観とか意見とかが、とにかく多いみたいだった。

でも、そんな批判はまったく成り立たないと思う。

だってすべての出産は、親のエゴだから。

「女に生まれたからには一度は生みたい」

「愛する人の子どもがほしい」

「やっぱ遺伝子残したいよね」っていうのと、

「野田の跡継ぎがほしい」っていうのに、動機としての優劣なんて、もちろん、ない。

それに、赤ちゃんの健康は、特殊な例をのぞけば、ほぼ偶然が支配しているものなのだし、健康な赤ちゃんが生まれてきたとしても、それは母親の手がらでもなんでもない。50歳だろうと、20歳だろうと、生んでみるまで、また、生んでからも、赤ちゃんのことはわからない。リスクはみんな一緒だし、無事に生まれてきてほしいと思う気持ちだって、みんな、おなじなのだしな。

だから、「生んでもらった」「生んでくれた」「生んであげた」みたいな応酬というか定形みたいなのを、もうそろそろやめたほうがいいんじゃないのかな、とテレビをみていて何度も思った。

もちろん、出産は命がけの非常事態で、それじたいはすさまじいものなんだけど、でもそれは多くの場合、親になる人が望んでやっていることなのだ。その文脈で、個人的に胸をうたれたのは、野田さん自身が「丈夫に生んでやれなくってごめんね」とか「わたしのせいで」みたいなことを、一度も口にしなかったことだった。

とまあ、こんなふうにざあっといろいろなことを考えさせられたわけなんだけど、現実問題としてこの状況って、今後かなり一般化するような、そんな気もした。野田さんのケースは経済状況もふくめて、いまはまだレアケース、って感じで受けとめられているけれど、これからどんどん増えていくだろうし、これからの女性たちにとって野田さんの経験は他人事じゃなくなる気もするんだよね。

しかし政治家として、前例がほとんどないなかで、これを大きく問題提起したことは意義あることだと思う、その半面……正直、なによりも大きな問題として、考えるとちょっと暗い気持ちになってしまうのは、やっぱり息子さんのプライバシーにかんすること。自分で承知するまえに、親を経由して、否応なく——名前、病歴、顔……個人情報のそのすべてが人の知るところになってしまったことは、気の毒だと思ってしまう。

「野田聖子の人生は、野田聖子の人生だ」とわたしはたしかに思ったけれど、それはあくまで彼女のからだのなかで起きている事態にのみ有効なものであって、生まれてきたあとの子どもにたいしては、それはもう、どこまでも細心の注意を払わなければならないと思う。

どこからが自分のことで、どこからが、自分のことではないのか。

ひとつの生活についてくまなく記録しようとするとき、できるだけ詳細に表したいと願うとき、これはたしかに難しいことではあるけれど、でもその線引きは、なによりも優先されるべき姿勢であり、どうじに技術であると、そう思う。もちろんこの『きみは赤ちゃん』だって例外ではなく、じつはそこにいちばん緊張感をもって、どきどきしながら書き進めているわけであって、ああ、自戒をこめて、そんなことを思うのだった。


それにしても妊娠中は、まだ半年がようやっと過ぎようとしているいまでさえ、何種類もの不安が、すでにいくつもうずまいている。妊娠してから芽生えた不安もあるけれど、妊娠なんてするかしないかもぜんぜんまったくわからなかった10代のころから、じつはわたしには抱えていた不安がひとつあるのだった。

それは、夢にかんすること。

女の子がどれくらい妊娠にまつわる夢をみるものなのかはわからないんだけど、わたしは10代のころから、そういう夢をかなりみるほうだった。

夢のなかで、わたしはどういうわけか妊娠していて、そしておなかがどんどん大きくなっていって、生むしかなくなり、その迫りくるすべて、逃れようのないすべて、取りかえしのつかないすべてに、すさまじい恐怖を感じている。そしてばっと目がさめて、がばっと夢から起きあがってみると、わたしのおなかはひらたいままで、ああ、妊娠は夢だったのだと知って、これ以上はない安堵のためいきを、胸の底から思いきり吐いて、ああ夢だった、夢でよかった、ほんとうによかった、と、何度もそういうことを体験してきたのだった。

そしてそのときに思ったことは「いつか、わたしの身に、これとは逆のことが起きてしまうのじゃないか」ということだった。

つまり、いまとおなじような夢をみて、もしそのときにほんとうに妊娠していたとしたら、夢から覚めてもわたしのおなかは大きいままであって、その現実にふくらんだおなかをみたときに、わたしはいったいどうするのだろう、という恐怖だった。覚めない悪夢のおそろしさだった。妊娠する夢をみて、それが夢だとわかって安堵するのをくりかえしながら、わたしはずうっと、そんなことを考えていたのだった。

けれどじっさいは。

妊娠して半年以上がたつこのときまで、わたしは10代のころに頻繁にみていたあれらの妊娠恐怖の夢をまだ、一度もみたことがないのだよね。ぜったいみると思っていたのに、あんなにおそれていたのに、まだ一度もみたことがないし、妊娠中はけっきょく最後まで、そういった夢をみることはなかった。

どうしてみないのだろうかと、そんなことを考えてももちろん答えはでるはずもないのだけれども。これはこれで、わたしにとってはほっとすることであったとどうじに、とても不思議で、また、どこか示唆《しさ》的なものでもあるのだった。あんなに、あんなにみたのになあ。

おそろしい夢はみなかったけれど。目覚めて絶叫せずにはすんだけれど。でも。あぁ。妊娠するだけで（というか、一大事ではあるのだけれど）、こんなにも、こんなにも、考えること、感じることが圧倒的にふくらんで、いったいこれは、なんだろう。心配ごと、不安なこと……自分のものも、そうでないものもたくさんたくさんとりこんで、それを自分のなかで、むやみやたらに増殖させているみたいな気持ちにさえ、なってしまう。具体的にこれといったことなんてないのに、ただただ、なんだか心細い。気持ちがゆれて、油断したらなぜだか涙がたれてしまう。そしてわたしは、はたと気がつく。もしかしてこれが。もしかして、これが……う、うわさのマタニティ・ブルーってやつなのか。

マタニティ・ブルーって、これとちゃうの。そしてわたしはここからまるまる1ヶ月ほど、「完全に完璧などこからどうみてもマタニティ・ブルーの人」として、生きることになるのだった。

夫婦の危機とか、冬

「日々、少しずつ大きくなってくるおなかに手をあてていると、ほんとぉ〜にしあわせだなぁ〜って、感じるんです。わたしもいよいよママになるんだなぁって」
「夜、仕事から帰ってきた夫と向かいあわせに座って、オイルでやさしくマッサージしてもらいながらふたりでおなかの赤ちゃんに話しかけてるんです！」
「街なかで、ふと鏡に映ったおなかの大きな自分をみると、思わず微笑んじゃいます。なんか、ちょっと誇らしくって……」

わかるよ。ぜんぜん、わかるよ。気がつけばわたしはいつもの暗闇のなかでアイフォンをみつめながらぶつぶつとつぶやいていた。

夜、眠るまえのひとときなどに、わたしは自分とだいたいおなじくらいの週数の妊婦さんのブログや相談などをネットで読むようになっていた。

　ネットには匿名記事が多いので大半が赤裸々な体験記が多いのだけれど、さきに書いたような「ほわほわした理想の妊娠ライフ送ってるわたし超しあわせすぎてこわいんだけどでももっとしあわせになりたいからこのしあわせシェアさせてくださいね♡」系のものもまた、けっこう多いのである。

　これがあれか、「ネットにはネガティブなことは書いちゃダメ！　なぜなら幸運が逃げちゃうから！」的啓発運動のたまもの、こんなキラキラ偽装ようやるわ、などと少々やさぐれた気持ちで思うのに、こんなのファンタジーだってわかってるのに、ちょっと、ちょっとだけ、「ああ、こんなふうに妊娠生活を送れたらどんなにすてきだろう……」と思っている自分がいるのだった。しかも半泣きで。

　マタニティ・ブルーについての話も、妊娠直後から、先輩妊婦のミガンをはじめ（無事、年末に出産しました！）いろいろな人の証言、いろいろな記事で読んでいて、これもまた頭ではわかっていたはずなのだけれど、その頭のなかの想像や理解と、じっさいにそのなかに身をおいてみることとのあいだには埋められないみぞがあったように思う（そんなんばっかり）。

とくにこれ、といった不安もないのに。なにか気に病むようなこともないのに。妊娠7ヶ月に入るころから、なぜだか仕事をしていても、そしてなんにもしていなくても、こう、胸がざわざわして、とにかく気が沈むというか、そういう感じになることが本当に多くなった。たとえば寝ころんでいるだけで涙がだらっとたれてきたり、なにかを思いだしているわけでもないのにつらいような気持ちになったり。ぴんときていないだけで出産にかんしての具体的な不安とか、なにか原因めいたもののせいなのかもしれないと思って、けっこう入念に頭のなかをチェックしてみたのだけれど、やっぱりこれといったものもなくて、そのボーヨーボーヨー（©中原中也）とした感覚にまた、気持ちが沈んでいくというか、そんなような感じの連続なのだった。

ところで、この連載をお読みのみなさんから、夫でありおなかの赤ちゃんの父親でもあるあべちゃんについて、やさしい、理解がある、あるいは存在感がない、などのご感想をいただくこともあるのだけれど、これまであべちゃんがあらゆる意味で当コラムにあまり登場しなかったのは、単にわたしが他者のいない生活を送っていただけなのよね。

つまり、つわりだの健診だのエアロビ先生との攻防だの（正しくはエアロビ先生ではなくて、赤ちゃんをとりあげてくれる大切な先生なのだけど）といったこれまでのもろもろはまるっと自己完結的なできごとであり、つまるところ、わたしひとりの問題であったのだった。とくにつわりのときなどは、もう自分で自分すらどうにもならない状態だったので、誰がどうとか、なにかにたいしてどう思うとか、そういういわゆる社会的な発露、みたいなもののいっさいから遠く生きていて、ただただ虫の息というか、そんなふうに生きていただけなのだった。ひらたくいえば、あべちゃんのことが眼中になかったというか、入れることができなかったというか、ただただそういう事情だったのである。

しかし。このマタニティ・ブルー期に突入したわたしはそのころとは少々あんばいが違っている。このゆううつじたいに理由はないのだけれど、発生しているゆううつにたいしてのいらだちはふつうに存在しており、そのすべてのいらいらは一緒に暮らしているあべちゃんへむかうことになってしまった。そう。原因不明のゆううつにあべちゃんは責任も関係もないのだけれど、その処理というかケアというか派生してゆく領域で、気がつけばわたしはあべちゃんをがんがんに追いつめるようになっていったのだった。

たとえば。あるとき、わたしが現在妊娠何週の状態であるのか知っているのか、ときいてみたら、知らなかった。まずそれにかちんときた。25週やで、とわたしはいちおう伝えてみた。そして、後日。妊娠25週目のおなかの赤ちゃんがどんな状態か、知ってる？　ときいてみた。たとえば映像情報でも、文字情報でも、おなかの赤ちゃんがいまどれくらい成長しているのかとか、そういうこと知ってる？　と。でも、あべちゃんは知らなかった。ありえない。というのも、そういうのはネットで検索すればいくらでも知ることのできる情報であり、そしてあべちゃんは一日に28時間くらいネットにつながっているからだ。なにをそんなにみているのか見当もつかないし、目が疲れないのかとか、玉石混淆《ぎょくせきこんこう》すぎる情報にまみれてしんどくならないのかとか、そばでみているだけでもまじでぐったりするのだけれど、とにかく、あれだけ、あれだけ日々ネットにつながっていてときにはしょうもない情報を読んだりしているはずなのに、その時間はたんまりあるはずなのに、われわれの一大事であるはずの妊娠、ひいてはわたしのおなかの赤ちゃんについてただの一度も検索をしたことがない、ということに、わたしはまじで腹が立ったのである。これはたんに興味がないだけの、証拠じゃないか！

「いや、そんなことはない。いつも案じている」

「うそばっかり！　じゃあ1回でも検索したことあんの！」

「いや、それはない、けど」

「けどじゃないわ！　あれだけネットばっかりみてて、どういうことよ！」

「………」

「こっちは毎日毎日異常事態であれこれもうまじで心配しておろおろして頭おかしくなる寸前やのに男っていったいなんやねんな！」

「………」

「っていうか、これ誰の妊娠やと思ってんねんな1回くらいわが子と妻がいまどういう状態かわたしからの報告じゃなくて能動的に知ろうとしてもええんちゃうんかああわああああいいいいあいいあいいあいあいあいあ」

みたいなことになり、そういうことがテーマを変えてつぎつぎにくりひろげられるようになっていったのだった。

そしてわたしのいらだちの最大の問題として、性交、というのがひとつ、あったかもしれない。いや、かもしれない、ではなくて確実にあった、ように思う。

これはどれだけいろいろ調べてみても産院によって意見がさまざまにわかれていて、たとえばぜったいにダメというところ、安定期に入ればよしというところ、ストレスのほうがよくないので避妊具を使えばいいぜというところ、これがもういろいろなのだった。そしてわたしの産院は「ぜったいにダメ派」で、あべちゃんとふたりでその説明をきいたその瞬間から、われわれの性生活は、完全に、完璧に、凍結されたのだった。

いや、いいんですよ。ぜったいダメならダメでいいし納得できるし理解できるしわたしだってこんな状態でべつにしたくなんかないし、赤ちゃんの健康より大事なことってないしそんなのぜんぜん、がまんできますよ。ただ、わたしが気に入らなかったのはあべのそのかたくななまでの徹底した態度で（呼び捨て）、あべというのはなんというのか、一度決めたらぜったいにそれを守るというかやり遂げるというかそういうところがあって、それが今回に限ってはものすごくいらいらしたのだ。

つまりどういうことかというと、妊娠しているから性交はダメという他者からの宣告は、ある意味で、

「あなたはいま通常の意味での女性ではなく、かといってまだ母親ってわけでもなく、

性的になんかよくわからない物体と化しているんですよ」

といわれているようなもので、ふだん性欲が強くも弱くもないわたしであってもその状態はものすごくもんもんとするというか、怒りをおびた不安に包まれるというか、いろいろな意味で正直、うっくつとするものがあった。

ダークだった。目の色も、態度も、このころのわたしは毎日ものすごくダークだったと思う。「あなたはいいだろうよ。決めたことを決めたままに生きるのは気持ちがいいだろうし、むしろ達成感すらあるかもね。体もぜんぜん変化しないしね」などとわたしは毎日毎日、頭のなかでつぶやき、何者でもないような生きものになってしまっている状態の自分自身をどう理解してよいのか、途方に暮れていたのである。

っていうか！　ぶっちゃけていうとさ、先生に性交ダメぜったい、っていわれるのはぜんぜんいいのだけれども、そしてじっさいにしなくってもぜんぜんかまわないのだけれども、それを受けても受けなくても、あべ側の判断というか決心や心境によって性交がぴしゃりと「ないこと」にされていることじたいに、もうこれが本当にいらいらするのである。

あべが産院的優等生としてふるまえばふるまうほど、頭ではわかっているのだけれど、性欲の対象でもなんでもなくなったわたしはいったいなんなんだよ！　みたいな気持ちに、ふだんならこんな心境になることなどないのに、このときばかりはまじでもう、これ切実に追いつめられていたのである。性的に欲望されることにアイデンティティをほぼあずけていないという自覚のあるわたしでさえ、これがきつかったのである。

いわゆる少女でも女でも母親でも祖母でもないわたしっていまなんなの？　みたいな感じ。

プライドでも焦りでもなんでもいいけれど、つまりはこうだ。

この状態で、「先生にダメといわれたでしょう、うふふ」でも「そんな気になれなーい」でも理由はなんでもいい。しかし、断るのは必ずやわたしでなければならない、これはそういう話なのだ。この状態＆シチュエーションで、「ダメダメ〜」と拒否するのは、わたししかありえないのだ！　「その気になれなーい」のはあべでなく、つねに　わ　た　し　でないとならなかったのだ！

……このいらだちの元凶については、何時間もかけて話しあって、あべちゃんの考えもまあわかり、わたしのプライドあるいは焦りは後日、対話によるいちおうの解決というか納得をみたのだけれど、マタニティ・ブルーの期間いっぱい、わたしはつねにこのようないらだちにあふれていた。

ネットでいろいろな人の性交事情を拝読すると、みなそれぞれの悩みがあり、不安や苦しさに満ちていた。ふつうに浮気する夫や、つわりでどうにもならないのに性交を無理強いする夫や、そんなのもいろいろあった。もちろん心温まるいい話もたくさんあったけど。

わたしより大変な人がいる、わたしはまだましだと思わなきゃ、というような発想はなかったけれど、人のさまざまな苦悩を読みつづけ、たとえばしんどいのに強要されたりしている人のことを思うと、いま現在もそんな人がいるのだと思うと、無責任な涙がでたりもするのだった。

読めば読むほど、だんだん暗い気持ちになっていった。マタニティ・ブルーどころか気持ちはもはや、ブラックである。しんどいなあ、と思った。それらの日記や文章には、現在のものも、それから何年もまえのものもあって、とくにブックマークもしなければどちらもそれきりになっていったけれど、いまでもあの人たちは元気にしているかな、無事に出産できたかな、夫とはうまいことやっているかな、しんどい毎日じゃないといいな、こっちはなんとかやっていますよと、ときどきだけれど、そんなことを、なにかを思いだすように思ったりしている。

そして去ってゆく、生む生むブルー

２０１２年の冬。２月。わたしはどんどん大きくなるおなかをみつめながら、おいしいものをおいしく食べつつ（大量に）、マタニティ・ブルーのどまんなかを生きていた。赤ちゃんはもうすぐ８ヶ月めに入ろうとしていて、胎動もすごくなってきた。一度だけ、アカチャンホンポに買いものへでかけて必要だと思えるものを買ったけれど、でも、まだ出産にむけて必要なものがぜんぶそろったというわけでもないし、でも、なにがどれだけ必要なのか、ネットで紹介されている記事を読んでもまったく頭に入ってこない。

たとえば哺乳瓶。必要だっていう数にもムラがあるし、赤ちゃんのおしりを拭くやつだって、ウェットティッシュ形態のものもあれば、いいあんばいのお湯がでてきてコットンを湿らせて使う、っていうのもあるし、おむつのポーチ数種類、ビニール各種、もうなにがどのタイミングでどれくらい必要になるのか、そんなのもう複雑すぎるし、難しすぎる。

みんな、はじめてなのに、なんでこんなことできるんだろう……しかもすごく楽しそうにみえたりして。で、なんでわたしは原因っていう原因もないのに、ここしばらく、こんなにずうっと落ちこんでいるのだろう……そういうのを考えていると「わー」となって布団に飛びこみたくなるのだけれど、でもおなかは大きいままだし、うつぶせになれないし、なんにも用意しないで生むわけにはゆかないし、仕事もあるしで、ひろーくてまっすぐで誰もいない巨大な廊下をただただ、のろのろと歩いているような、そんな日々を過ごしていたのだった。

でも、ある日。まだ必要じゃないだろうけど、ゆくゆくは必要になるんだろうな、程度に思いつつ、なんとなーく、ベビーカーをネットで検索などしてみたのだった。するると、ベビーカーのいったいなにが、わたしの胸を打ったのかまったくわからないのだけれど、無数にある種類のベビーカーをあれこれ検索して画像をみたり、機能を調べたりしていると、こう、目の奥からちからがこみあげてきて、なんか、すごく楽しいというか、いきいきするというか、なぜか夢中になってしまって、気がつけば一日に4時間くらい、ベビーカーについて調べているという事態になってしまったのだった。

買うための物色、という感じでもなく、ただ純粋にベビーカーを検索し、ひとつひとつの画像を大きくしてすみずみまでじっくりと眺め、そしてまたつぎのベビーカーをクリックするという、そんなような日々。とにかくベビーカーをみていると、とてもしあわせ&あかるい気持ちになるのだった。じっさい、自分が買うならどれかなー、とか、そういう視点はほとんどなかった。というか、ベビーカーなのに、それをみているあいだはもう赤ちゃんが乗るとか、自分がそれを押したり引いたりして使う、とか、そういう現実的な考えもとくになくて、わたしはただ、どういうわけか、ベビーカーというものに純粋に惹かれていたのだと思う。

双子用、三つ子用、車みたいなやつ、かまきりみたいなやつ、大げさすぎるやつ、巨大あんま機みたいなやつ、草刈機みたいなやつ、はたまた、折り紙でできたみたいなぺらぺらのやつ、凧みたいなの、小さいの、大きいの。

世界はありとあらゆるベビーカーにあふれていた。どこそこの王室御用達、ベビーベッドとおそろいうんぬん。オーガニックなんとか。通気性。リクライニング。色は9色から選べます。最軽量。ジョギング可能。対面式。日除け。スムーズ走行……ベビーカーの姿はもちろん、ベビーカーにまつわるすべての文字が、どういうわけかわたしを癒やし、そして心をなごませてくれるのだった。

車とか好きな人って、いるよね。

わたし、いままでそういう気持ちがまったくわからなかったけど、たとえば車が趣味っていう人は、きっとこういう気持ちで車のことを思ってるんだろうな……とか、思うようになり、生きてきたこれまで趣味といえるものがただのひとつもなかったわたしにもとうとう胸を張って「趣味です」といえるものができたかもしれない、とちょっとうれしくなるほどだった（ただみてるだけで、そんなことあるわけないのに）。

で、しばらくしてじっさいに使うために購入したのはアップリカのスティックプラスというやつで、黒色をした、とっても軽いもの。購入の決め手は、というほどじっさいに購入するだんにおいては思い入れはあまりなく（あれだけ毎日調べていたのに！）、2度めに行ったアカチャンホンポでこれから発売されるというそのベビーカーの予約の受付をしていたので、一度すいすい押させてもらって、ほんとにくるくるとよく動き、折りたたみも簡単&とても軽かったのでそれにした、という感じだった（生んでから、もうひとつ買うことになるのだけれど、それもまたいずれ）。

いまでもでかけたさきに新品のベビーカーがならんでいるのをみると、胸がざわめく。いいなあ、と思ってしまう。そして用もないのにじいっとみいってしまう。ベビーカーがわたしのいったいなんなのか、まったくもってわからないけれど、でもこの時期の不安とかどうしようもないぐずぐずした気持ちを、かなりやわらげてくれたのはたしかだったような気がするなあ。アロマとかそんなんじゃなくってさ。

しかし、一日じゅうベビーカーを眺めて暮らすわけにもゆかないのが人生で、この時期には熱はでないけれどちょっとした風邪をひいたり(薬は基本的に飲めないのだけれど、産院で処方してもらった漢方薬のおかげでひどくならずにすみました。葛根湯だね)、むくみがだんだんでてきたり、夜中のトイレが増えてきて睡眠不足になったり、あと、おしりがどんどん大きくなってゆくのがわかるのだけれど、それは単に脂肪がついてゆく、っていうんじゃなくって、まず骨盤の変化があって、大陸が移動するかのような変化の感じがもう、手にとるようにわかるんである。

そうですね、イメージとしてはかちかちに冷凍された真っ白いロールイカってあるじゃないですか。冷凍庫に長年入ってるようなやつ。それがこう、固いまま、ゆっくりじわじわ左右に広がっていく感じ……おしりが四角になってゆくのが、みしみし鳴って、ほんとうにわかるんである。もちろん、みしみし鳴るたびに「オウ、」と声がでる程度には痛みもあり、脂肪もついてゆくからからだも重い。そういう、こまかな変化、いちいち言葉にはしないし、できないからだのそんな蓄積がやっぱりストレスで（ストレスにならないわけがないよね）、マタニティ・ブルーっていうのは、きっとほとんどがそういう成分でできてるんだろうな、とそういうことも思うのだった。

また、前年の11月末に、わたしはあべちゃんとの結婚と妊娠しているということを公表したのだけれど、そのこともちょっとだけ、原因としてはあったのかもしれないな、といまになって少し思う。

もちろんそんな個人的なこと、公表なんてしたくなかった。べつに知りたいと思う人がいるとも思えないし、そんなのどうでもいいことだし。通常ならそんな必要まったくないと思ってる。げんに、一度目の結婚のときは、音楽活動をしていたけれど、ブログにもべつに書かなかったし報告とかもしなかったし、結婚したあとで「結婚しているの？」ときかれたら、してるよと答える、というそういう感じだったのだし。

でも、そういう感じの延長で、離婚したこともべつに公表していなかったということもあって、今回はいろいろと考えなければならなくなった。もし、おなじように名前をだして仕事をしているあべちゃんと結婚したとか妊娠しているとかっていうのがどこかで知られたら、結婚していたはずの人がべつの人と結婚して妊娠？　どうなってんの？　みたいな感じで面白おかしく書きたてられる可能性がないともかぎらないような状況だった。

基本的には小説家のそういうプライベート&やりとりに、世間が興味をもつとは思えないのだけれど、けれど、芥川賞を受賞した当時、わたしはマスコミのそういう対応にかなりいやな目にあったことがあり、そのことがどうも頭から離れなかった。そのときとおなじように、元夫の実家にまで記者が押しかけたり、親戚とか、古い友人とかを手当たりしだいにネットで調べあげて取材の連絡をしたりとか、適当な記事を書かれたりとか、とにかく関係ない人たちに迷惑をかける可能性があるなら、それは排除しておきたい、という気持ちがあった。ましてやもう離婚していて新しい生活をはじめている相手をそんな理由でわずらわせるのなんて、ぜったいにいやだし。だから、もし誰かがなにか知りたい、ききたい、みたいなことがあったとき、それを読んだらそれ以上のことはもうなにもありません、みたいなのをひとつ用意しなければならない、ということで、連載でふだんからお世話になっている週刊新潮でインタビューを受けることにしたのだった。

この選択は結果的にまちがってなくて、どの版元も電話がかかってきたら「週刊新潮をお読みください」といってくれればそれで済むし、じっさい、いろいろな人にそんなに大きな迷惑をかけずにすんでほっとして、それはそれでよかったのだけれど。

ただ、いままで経験したことのない心細さ、みたいなのは、本当にあった。

公表をした時点では赤ちゃんは5ヶ月ごろで、安定期にもまだ入っていなかった。人前にでる仕事もあったせいで、このタイミングで公表するしかなくて仕方なかったのだけれど、でも、このままおなかのなかで順調に育ち、また無事に生まれてきてくれるかどうか、それはまだ誰にもわからない時期で、自分でもよくわからない自分のからだのなかの赤ちゃんのこと――小説とかそれにまつわるインタビューとかそういう種類のものではない、これ以上はないくらい個人的なことが新聞に掲載され、ツイッターでまたたくまに拡散され、ニュースになって、情報番組で紹介されて、それについて人々がコメントする。仕事にかんすることとならなんでもないことなのに、自分の妊娠があっというまに自分の関係のない人たちの知るところになる、というのは、心細い体験だった。もし、うまく育たなければ、そのことも報告しなければならないだろうし、それはおそらく、いまよりもっと、たいへんな気持ちになることだろうと思うと、さらに心細くなるのだった。

そういう心細さとか、体の変化にたいするゆううつとかを、わたしはベビーカーをみてまぎらわせ、あべちゃんと話しあいながらやわらかくし、ときには友だちとごはんを食べたりしてどうでもいいような話をして笑ったり、それから編集者と仕事の話をしたり、じっさいに小説を書いたりして——妊娠しても変わってないこともあるんだよな！　ということを再確認しながら、なんとか穏やかな日々を過ごし（ぜんぶがぜんぶ、穏やかであるわけではもちろんないけど）、気がつけば、まる1ヶ月間わたしをすっぽりと覆い尽くしていたマタニティ・ブルーの濃霧は、少しずつだけど薄くなって、これもまた少しずつではあるのだけれど、むこうにある太陽の光がこちらに届きはじめてもいるのだった。

ぶあついタイツをはき、温かいものを飲み、毎日仕事をし、そしてあべちゃんといろんなことを話し、まるいおなかをなでながら、赤ちゃんにむかって、いまは冬だよ、おまえが生まれてくるのは夏のはじめだよ、と話しかけたりしていた。そして登録だけを済ましてけっきょく通ってはいなかったエアロビのことを思いだして顔が青くなったのもこのころで、いよいよ妊娠も大づめの時期に、こわいけど、しかし確実に突入する、2012年の真冬なのでありました。

いま、できることのすべて

2012年の3月も終わりに近づき、わたしはどこからどうみても妊婦のからだになっていた。

あと2ヶ月とかで生まれてくるなんてなーと、どこか他人事のように思い、そしてたえず、お菓子を食べていた。健診の回数も増えたけれど、このごろはエアロビに激しい院長先生の日ではなく、べつの先生の日に行くことにしていたのでそちらの圧力も問題なく、このあいだまでのマタニティ・ブルーの日々がまるでなにかのまちがいだったかのような、平安な日々。

このころ、ぐんと体重が増えて、とくになにかを食べたあとには、ちょっと信じられないのだけれど、なぜか3キロとか増えていることもあって、こわかった。

3キロも食べたつもりはないのだけれど、でも食べているから増えているわけであって、それ以上はもう、考えないことにした。歩くときに頭のなかに鳴る音は「のっし、のっし」で、あいかわらず食べものはおいしい。なにもかもがおいしい。食べるにつれ、頭のどこかが、にぶーく、あまーく麻痺するようで、それがなんだか心地よく、妙に気分がよいのだった。

季節は春。わたしの胸のなかにも春っぽいムードが満ちていて、気のせいか、時間もゆったり流れているような、そんな感じ……9月のなかごろに妊娠がわかって、駆け抜けて、そしていま、3月。毎日のように「いま、何週と何日だな」「何グラムくらいやな」と確認し、いろいろなことを調べ、感じ、過ごしてきたこれまではあっというまなのだけれど、やっぱり長くて、「こんなふうに妊娠しているのもあと2ヶ月なのかあ、むしゃむしゃ」と思うと、なんとも不思議なあんばいだった。

「でも、こんなに大きくなったおなかのなかに入ってる赤ちゃんって、もうぜったいに、だすしかないのよな……」と、これから確実にわが身に起きるであろうことをあらためて思ってみると、お菓子とマタニティ・ブルー明けで適度にぶくなった頭であっても、すこーしこわいような、そういう「軽いゾッと感」というのはたしかにあって、そのたびにわたしは文字通りぶるぶると頭をふって、そういういっさいを、ないことにした。

わたしは無痛分娩で出産する予定なので、出産じたいの痛みはないはずなのだけれど、しかし当然のことながら、無痛には無痛の準備があって、わたしはじつはそれをおそれていたのである。

ひとつは、麻酔。

無痛分娩の麻酔は背中の脊髄あたりに針をさして、管に変えて、出産が終わるまでそれをさしたまま過ごすことになる。そして本番に入って、陣痛の波が来たら、手元にあるペンシル型の調節器で、そのまんまシャーペンの芯をだすときみたいにカチカチやって、麻酔を足して、痛みから逃れるという、そういう段取りらしいのだけど、そしてシャーペンカチカチはけっこうなのだけど、この麻酔の処置というのが、なんだかとっても痛そうなのだ。

というのも、わたしは子どものころにある手術のために全身麻酔を受けたことがあって、そのときにも背中に注射みたいなのをしたのだけれど、それがいまでも鳥肌がたつくらいの痛みだったことをよおく覚えているからで、考えれば考えるだけ、ゆううつになるのだった。

そしてふたつめは、バルーン。バルーンというのは、子宮口を広くするために入れる器具のことで、これは使う人と使わない人がいるみたい。

入院するまえの検診の段階で、子宮口がいい感じにちょっとずつ大きくなって、赤ちゃんも子宮のしたのほうになんとなく降りてきてる感じがして、「じゃあ＊日にしましょうか」みたいな感じで出産の日を決めて入院し、麻酔をして、陣痛促進剤で陣痛を起こして出産、というのが無痛分娩のいちばんしあわせな流れらしい。しかし、子宮口がなかなかひらかない人というのもいて、そういう人はこのバルーンというのを入れる必要があるのだった。

これが「ものすごく痛い」という人と「ぜんぜん痛くない」という人に分かれていて、わたしは完全に「そんなん痛いに決まってるやろ」派だった。

だって！　生理痛の痛みにはいろいろな理由があるけれど、ふだん子宮口というのは直径1ミリとかの大きさで、そこを血液が流れてくるときに生じるその痛みが主たる原因であるという話をきいたことがあるからで（わたしは生理痛がかなりしっかりあるほう）、血が流れるくらいであんなに痛い、1ミリしかない直径をですよ、バルーンという器具を入れて数センチにまでひろげる、っていうのが常識で考えて痛くないわけないじゃないか……と、これもまた、まじでおそれていたのだった。

無痛といえども、無痛じゃないのかもしれんな。

そう思いながら、ある日、わたしとあべちゃんはM医院が開催する、ぜったいに参加せねばならない母親学級と無痛分娩の説明会が一緒になってるような催しにでかけていった。

世界各国における無痛分娩のありかた、そして歴史……などなどをスライドでみて、それから無痛分娩にまつわるひととおりの説明を受けて、わたしはふむふむとメモをとりつつ、気がつけば「一組140万円支払うとして、ここにはいま20組くらいの人がいるから、この教室だけでもざっと2800万円か……」などと、誰の売りあげなのか支払いなのかなんなのかよくわからない計算などをしているのだった。そのあとも先生の説明に集中しようとするのだけれど、ちょっと退屈になると気がそれて、「で、ひとつきに15人が出産するとして（なにしろM医院はいつだって超満員なのだ！）、1年間で約180人……すると180×140万円で、おおおおおもはやゼロの数がかぞえられへん」みたいな意味不明の計算などがまたもや頭をよぎったりして、これもひとつの現実逃避だったような気もする。

で、説明会の後半。とびっきりの笑顔で院長先生が「はーい！　こちらをみてくださーい！」と明るくぱあんと手をたたき、妊婦とその付き添いたちはスライドの画面に目をやった。するとそこには、人間の感じる痛みの痛さの順位、みたいな図が表示されてあるのだった。

院長「みなさーん。たとえば、切り傷、は、このあたりですね～」

院長先生は、たてに伸びた線のしたのほうをペンでさして、このあたりですね～と強調した。「で、捻挫、はこのあたりですねえ～」とその少しうえをペンでしゃっしゃっ。

院長「で、火傷。火傷はやっぱり痛くてですねえ、ちょっとうえのほうまでいきま～す」

妊婦たち「………」

院長「で、つぎは骨折。これも、いたーいです。なので、このあたり」

さらにうえのあたりを、またもやしゃっしゃっ。

妊婦たち「………」

院長「まあほかにも色んな痛みがあるんですけれど、人間が感じる痛みのなかでもーっとも痛いとされているの、なんだか知ってますか～？」

妊婦たち「（し、しらない……）」

院長「それは？　指のせつだんっ、なんですね！」

妊婦たち「（ゆ、指の切断……）」
院長「指を切断するのが、人間の最大の痛み、といわれているのです！」
妊婦たち「（そ、そうなんだ……）」
院長「で、出産がどのあたりかというと？」
妊婦たち「（……ごくり）」
院長「それは――、」
妊婦たち「（………）」
院長「ここっ！」
つぎの瞬間、院長は思いきり腕をのばして、その〈指の切断〉の、はるかはるかはるかうえの、もうほとんど枠外といってもいいようなポイントを半ばジャンプするようにペンで猛烈にアタックしたのだった。
妊婦たち「（えっ⁉）」
院長「でも――」
妊婦たち「（……で、でも……？）」
院長「みなさんは～だいじょうぶっ！　なぜなら――なぜなら――」
妊婦たち「（………⁉）」

院長「無痛分娩だからっ!!」

妊婦たち「(……!!)」

　そりゃ、痛いのはいやだよ。

　いやだから高額かえりみず、こうして無痛分娩の産院に通っているんだよ、いるんだけど……わたしは帰りの道々、なんだか複雑な気持ちになってため息をついた。1ミリの子宮口が出産のときには「全開10センチ」になるんやで。普通分娩は、それにシラフで(シラフってのもあれだけど)耐えなあかんのやで……。

　しかし妊娠、出産とはなぜこんなに大変なのだろう。

　なぜこんなにも痛みに満ちているのだろう。わけがわからない。や、わけがわかりたいわけでもないのだけど、しかし。

　そんなふうに問うてもしょうがないことを思わずにはいられないほど、妊娠、出産はあまりにもしんどすぎる日々ではないか。個人差はあるだろうけれどこの数ヶ月、たくさんの種類の痛み、しんどさを味わい、そしてクライマックスには人間の最大の痛みである指の切断をはるか上回る出産の痛みが待っているのだ。そしてこんなこといってみたところでどうにもならないのだけど、男ってほんまに楽やな、とそう思わずにもいられないのだった。

社会で働きつづけなければならないのはいまや女性もおなじであって。生んで、授乳して、すぐ復帰せねば、もう戻れない。出産のダメージはいったいどれほどのものなのだろう。好きでやっていることとはいえ。望んでやっているすべてとはいえ。そして男性たち。からだにはなんの変化も痛みもないままに、彼らは、ある日とつぜん赤ちゃんに出会うのだなあ。射精からそこまで一直線なんだなあ。まあ、これはっかりはしょうがないけど、でも、なんとなく、ぼんやりと、そんなことを思うのだった。

家に帰って夜ごはんを食べ、ソファに座ってなんでもない話をしているとき、ふと、自分があと2ヶ月で、いままでとはまったくちがう世界のちがう生活を送る人間になるのだ、ということを、なぜなのか急に実感するような感じがあって、あ、と思った。「母になるのだ」とか、「親になるのだ」とかそんなふうには思わなかったけど、なにかがほんとうに変わってしまうんだとそう思った。

親や姉弟はいるし、そのつど影響を与えあってはきたけれど、でも当然のことながら基本的には、やはり「ひとり」を生きてきた、という実感があった。比較的、家族関係が深いわたしでさえ、そういう認識だったのだ。

でも、これからは違うのだな。

わたしの意志、わたしの都合で、生まれてくる誰かが、いるんだな。それがどんな性格をした、どんな人なのかはわからないし、厳密にいえば、わたしは「誰か」を生むかもしれないけれど、「その子」を生むわけではないわけなのだけど（このへんのこの実感、ちょっとややこしいけれど）、でも、わたしが生まなかったらはじまらなかったものが、あと2ヶ月すると、はじまってしまうのだ。そして、おたがいに、もう後戻りはできないのだ。わたしは二度と、生まなかったことにはできないし、赤ちゃんのほうだって、生まれてこなかったことには、できないのだ。

そして、あべちゃんだって、そうだった。

あべちゃんだって、もう後もどりはできないのだ。そして、わたしとあべちゃんの関係も、確実に変化する。こんなふうにふたりで過ごすのは、過ごすことができるのは、どうしたって、あと2ヶ月なのだな。まだ想像が追いつかない頭のなかでそんなことを思うと、なんだかしゅんとしたような、容赦のないまっすぐな風がすっと吹き抜けるような、そんな気持ちになった。いま、最後のふたりのためにできることってなんだろうな、とそんなとりとめのないことを思ったりもした。

できるだけけんかをしないこと。

日々を楽しく過ごすこと。

たくさん話して、おたがいが考えていることを、できるだけ伝えること。

相手のすべてをあたりまえと思わずに、努力しなければならないことが、やまほどあるような、そんな気がした。

わたしたちは、人生の折り返しのこの時期までちがう場所で、ちがう相手とちがう生活を送ってきた、正真正銘の他人なのだ。

その他人が、なぜだかこうして一緒にいて、赤ちゃんを迎えて、これからたぶん、経験したことのない、わからないことばっかりの激動の日々を一緒にのりこえてゆかなければならないのだ。

そんなたいへんな日々に飛びこむまえに、「ふたりでもっとちゃんと作りあげなければならなかったものがあるんじゃないか」と思うとものすごく不安になって、そうかと思えば、「いや、そんなのは意味がなくて、人生はお手本なしの応用のみよ、こうして出会って赤ちゃんを迎えられるということだけで、もうじゅうぶんじゃないか」というつよい気持ちにもなったり、とにかく両方の気持ちがマーブル模様になって、そんなふうにゆれていると、おなかのなかから赤ちゃんが、元気よくぽんぽーん

と話しかけてみると、元気ー？　と話しかけてみると、
ただの偶然なんだけど、でもタイミングよくまたもやぼんぼーん、と蹴るのである。

あれこれと気持ちのことを悩むのも必要だけれども、でもこれ以上ないくらいにたしかなことがひとつあって、それは、わたしのおなかには、ここには赤ちゃんがいる、というそのことだった。

このまんまるのおなかのなかには赤ちゃんがいるのだ。

そして、わたしはこの子に会うのだ。会いたいのだ。あたりまえのことなんだけど、そう思うと、どこからともなく、泣きたいような、思いきり笑いたいような、そんなよくわからないけれどどちからとしかいいようのないものが、たしかに湧いてもくるのだった。あと2ヶ月。あと2ヶ月。気づけばそうつぶやいて、もういろいろまかしとけ！　どーんとこい！　みたいな気持ちになって、待ち遠しいような、面映ゆいような、そんなふうにして夜はすすみ、そして朝になるのだった。

乳首、体毛、おっぱい、そばかす、その他の報告

2012年春。4月。いよいよ、というか、とうとう、というか。出産まで1ヶ月という段になって、おなかが急激に大きくなり、その大きくなるさまは、自分のからだとはいえ、ちょっとひいてしまうほどであった。「最後の追いこみが、きっついで」とこれもまた何度も耳にしていたことではあったけれど、じっさい体験してみると、知識と実践のギャップは今回もやっぱりすごかった。赤ちゃんの位置が明らかにぼこんとしたにさがり、そして前のほうににゅうんとせりだして、横むきになって鏡でみると、もう、なにかの間違いというか、ギャグというか一発芸というか、スヌーピーの横顔みたいなんである。

「この大きさまじでウケる」

「やっぱこれってみればみるほど超ウケるよな、あべちゃんこの大きさみてみてすごない超ウケる、意味不明すぎて」

「みてみてこれこの角度、ふだん卵大の子宮がこんな大きさになってんのってアハハハどれくらいまじって超ウケる」

気がつけば鏡をみながら妙なテンションになっていて、黙ってあいづちをうつあべちゃんに、最初から最後までウケるとしか発言していないのだけれど、そのテンションとはうらはらに、みればみるほど頭のなかのどこかが白〜くぼやけてゆくような恐怖もあって、それを直視するのがこわかった。

それは「アハッハ、なんて笑ってるけどおまえさん。このおなかに入ってるものは、必ずださねばならないのだよ。しかもあんな小さなところから。1ヶ月もしたら。嘘でも冗談でもなんでもなくってね！」という、宣告というか、事実というか。

それは暫定的ではあるけれど、予定日というのが決定した、というのもおおいに関係があったと思う。

日にちが決まるって、容赦ないよね。

おなかの赤ちゃんはこのころで推定2300〜2400グラム（2週間ほどまえの

健診で、ちょっと体重の伸び悩みの時期というのもあって落ちこみ、大いに悩んだわけなのだけど、これには誤差もあるから心配しないでいいといいきかせてのりきった）という大きさで、1ヶ月というのは、なかなかにリアリティのある数字だった。あっというまだ。ほんとうに、その日がやってくるのだな。

このころ、出産&育児体験者に会うと、「いまも大変だろうけれど、生んでからはね、やっぱまた大変だよ！」とか「おなかのなかに戻ってくれって、思うよ〜！」とか、「寝れないからね〜、かけがえのないいまの時間を、大切にしてね」といった話を笑いとともにきく機会がふえてきたのだけれど、「うん、きっとそうだよね」とは思いつつ、でもやっぱりこの臨月のしんどさを生きるのに精一杯で、どこかぴんとこなかったというか、線がいっぽんひかれているというか、わたしの感想は、そんなだった。みんなけっこう笑ってるし。

でも、結論からいって、妊娠の1年の苦労と、出産を経て育児の1年の苦労は、比較するのも無理というか、これもう、まじで次元がちがったよ。ほんとうに、次元がちがったんだよ……（これについては今後じっくり&ゆっくり）。

臨月のわたしは、そんなこと知るべくもなかったわけだけど、でもそれはなんだか神様からの妊娠期間の最後のギフトというか、そんなだったのかもしれない。これから味わうつらさ、しんどさのまえの、ひとときの甘いごほうびだったのかもしれない。「なにも考えず、ぼんやりしてろよ、そういうのこれが最後だから……」っていう、そういうあれだったのかもしれない。

とにかく頭もいい感じにぼーっとしていて、穏やかで、ときおりぐわっと真実味のある恐怖がおそってくることはあったけれど、それをのぞけばどんどん鈍くなってきており、干し芋なんかをくちゃくちゃベッドで息をするように食べながら、あまりにも頭がほんわかするので、「脳からなんか、そういう物質がでてるんやないやろか、ほえほえ」とさえ思うほどだった。

こういう面もふくめて、人というのは出産の準備に入ってゆくものなのかもなーと、ぼんやり感心したりなどして。

さて、これまで妊娠生活のいろいろなことをたくさん書いたような、あるいは、まだまだぜ～んぜん、書き足らないような、そんな気持ちでいるのだけれど、でも、妊娠中のいろいろについて――体のことも書いたけれど、とくにそれにともなって変化してゆく、精神や気分や心境についてが、やっぱり多かったように思う。けれども妊娠はやっぱり体のなかで起きる一大事であって、ここで、わたしの体がこの妊娠期間中にどれくらい変ったか！　ということをいちおう書いておこっかなーと思う。

まず体重。

M医院が「やせ妊婦、推奨」ではなかったことも大きいけれど、けっきょく臨月の時点で12キロ増というあんばいに。

わたしはすこぶる着やせする体質なので、ふだんから体重が3キロとか5キロ増えても、あんまり太ったように思われないのだけれど、今回もそれはそうだった。後ろから声をかけられて前をむくとぎょっとされる、というのがけっこう長く、臨月間近になってやっと「それ相応」感がでてきたみたい。そのころはもちろん、おしりは四角。大きくなった輪郭は鏡もち感がみなぎり、全体としてはまるでキティホーク、空母感ばりばりなのやった。

そして、体毛。

わたしは髪の毛はものすごーく多いのだけれど、体毛は少ないほうで、たとえばわきの永久脱毛などは1年12回は最低通わなければならないところを、3回で終わったというそういう感じ。しかし。この妊娠中は、体中の毛がどんどん濃くなり、おなかの、おへその少しうえあたりに、うっすらと毛が渦巻いているのを発見したときは、「オウ……」と妙な声がでたものだった。そしてまさかのわきの毛の復活。なんと、再生したというか、眠れる毛根が「目覚めよ！」と呼び起こされたというか（なんのために？）、とにかくまたまた生えてきたのだった。ああ、ホルモンって、偉大やね。わたしら、ホルモンの奴隷やね。気分も体も、ホルモン様のいいなりやね……そんなことを思いしらされた1年弱だった。

そして、肌。

しみ、そばかす、といったトラブルはこれまでほとんどなかったわたしだけれど、妊娠中はまじでおそろしかった。でるわでるわで一気に顔の全体に茶色いしみが浮きはじめて、すでにあったほくろは濃くなり、うっすらとした奥ゆかしいといってもよいほど小さな点でしかなかったそんなほくろたちが、日に日に成長して、いくつかはつまめるほどの立体&大きさになったときにはええええええええと声をだして驚いた。首にもこまかなほくろが増えて、まるで墨汁を口にふくんで「ぷっ」と吹かれたようなそんな感じ。ほくろ、といえば、なんかかわゆい感じもするけれど、じっさいは

「いぼ」と「しみ」をかけあわせた「いぼじみ」みたいなあれで、これがもう、「加齢」しか思い起こさせないような代物なのである。へこんだわあ……そういうのがあちこちに出現して、いわゆる「しきちん」（色素沈着ね）がいたるところに勃発して、わきとか、首とか、そういう皮膚がこすれるところのメラニンが『北斗の拳』の雑魚キャラよろしくヒヤッホウ！ってな感じに跋扈《ばっこ》して（このたとえ、2回め）、もうこれまでささやかながらに投資&実践してきた美容のあれこれがきれいあっさり全なしになって吹き飛ばされた、これもまたそんな1年弱であったよなあ（しみじみ）。

そして、おっぱい&乳首。

これには素直に「いい夢みさせてくれてありがとうな……」とひとこと感謝したい気持ちが正直、ないでもない。というか、ふつうにあるよ。というのも、まあよくきく話ではあるけれど……ほんと――に巨乳になるんだよねっ!! まっすぐに立つだけで腕の内側に胸のあたる感触があり、縦にも横にも自信満々というか、どこにだしても恥ずかしくない、名実ともにすごいおっぱい、というのを味わわせてもらった。これまでは概念でしかなかった「下乳」というものがわが身に確認できた、あの感じ。どこからみても完全な、寄せる必要のない「これがおわん型というものか！」と感嘆せずにはいられないような、そんなおっぱい（そのぶんおなかも大きいのだが）。おっぱいだけみれば、史上最高の輪郭で、「胸が重くってしんどい〜♡」とか、生まれて初めていえた、あの感じ……わたし、忘れないと思うナ。

しかし、そんな夢のようなおっぱいを現実にひきもどすのが乳首であって、これが大変にうとましかった。おっぱいの第一義が授乳である以上、それに耐えるために色を濃くして待機するのはしょうがないし、摂理だし、それについてもさんざん、みんなからきいて相当の覚悟もしていたのだけれど、やはり日に日に色素が濃くなり、快調にそれが沈着してゆく乳首をみていると、「オウ……」と思わず悲観の声を漏らさずにはいられなかった。

いつもはどちらかというと、おしとやかなベージュ・ピンクに身を包み、いい意味でコンサバティブな装いでいつだってそこに伏目がちに佇んでいたのに、最近になってなにがあったのか雰囲気ががらっと変わり、気がつけば、なんかハードな音楽ががんがん鳴って、ボンデージファッションに開眼して全身隙なくぴっちぴちのきっちきちの黒、真っ黒、めっさ黒、ぜんぶ黒みたいなそんなあんばいになっており、心なしかちょっと攻撃的な感じすらあって、「わ、わが娘はどうしてこうなった」みたいな嘆きと驚きが、「おふろ入ろっかな♪」と思って脱衣した瞬間、「！！！！」みたいな感じで不意に襲ってくるんである。乳首が、目に飛びこんでくるんである。これがたいへんにぎょっとするもので、いつまでも慣れないんである！……わたしは拙作『乳と卵』で、妊娠中の乳首の色について、「アメリッカンチェリー色」と、「これ以上はない、深みのある、真実の、黒」という自負をもって、内心では「どやぁ……」感、満載でのりのりで描写したことがあるけれど、いま、当時の自分の想像力のなさ、あるいはリサーチ不足を、謹んでお詫びしたいと思う。じっさいは、そんなんじゃなかった。アメリッカンチェリーなんて、まだぜんぜん黒じゃなかった。チェリーとかじゃなかった。妊娠中の乳首はね、液晶テレビの黒だったよ。電源を落としてるときの、液晶テレビの画面の黒、だったよ……。

そんなふうな、ほとんど泣き笑いのような「！！！！」の連続だった体の変化だけれども、でもこれって基本的に、みんなそうだからね……女性一般にたいしてあるかもしれない幻想を土足で踏み散らして申し訳ないけれど、どんな若い子だって、可愛い子だって、程度の差こそあれ、みんなこうなるんやで……おなかの赤ちゃんにビタミンやカルシウムをどんどんとられて、奥歯がぜんぶ虫歯になる人だって、本当に多いのだからね……もう、みためも中身も、命がけやで。

しかし、悲しいことばかりではなかった。

妊娠中は、しみ、そばかす、ほくろが大量発生したことはしたけれど、しかし、肌の状態は、これまで生きてきたなかで、いちばんすばらしい状態をキープしつづけて、なんというか、ぴかぴかだった。わたしは若いころからチョコレートやポテトチップスといったお菓子を食べると、あごのあたりにてきめんににきびが出たり、大人になってからもぶわっと吹きでものが出ていたのだけれど、妊娠してからはなにをどれだけ食べようと、なんにもいっさい、出なかったのである。これは出産が終わってからも持続していて、なんか、肌質がそっくり入れ替わったのかと思えるくらい、肌はいつもつるつるぴかぴかで快適であった。しかしもちろんこれも、人によってケースがあって、たとえばわたしの姉の場合は、ふだんつるっとした肌なのに、ほんとうにデコポンの果皮のようになってしまって、大変に苦労していたのを覚えてる（生んだらすぐに治ったけれど）。

そんなふうにさまざまな変化を観察しながら、「パイの実」を連続で5箱とか食べながら生活していた２０１２年の春。

４月もそろそろ終わりに入り、ゴールデンウイークをまたぎ、そして5月も半ば。

いよいよ。出産がもくぜん、というところまでやってきた。

週数的にはもう、いつ産気づいてもオッケー、みたいな時期に入っており、しかし健診ではまだ子宮口がかたいままでまったくひらいていないので、階段ののぼりおり、雑巾がけ、ってなことをひととおりやって過ごしたりした（エアロビも、最後の1ヶ月はがんばった）。40週での出産を目標に、「おりてこい、おりてこい」と念じながら、のっしのっしと、下半身を動かしていた。仕事は連載原稿をくる日もくる日も前倒しで書きつづけ、小説をやり、ゲラをかえし、もう自分がいまなんのどんな原稿を書いているのかも、わからないようなそんなあんばいであるのだった。

ある夜、「ああ、ほんとうにわたし、赤ちゃんを生むんだな。これで、あべちゃんとふたりの生活も、ほんとにほんとに終わるんだな。それも、今週末には」と、眠れない夜、真っ暗な天井をみつめながらそう思うと、「今 週 末」というのがてきめんにどこかに効いてしまったようで、発作的に胸がどっどっと高鳴り、いてもたってもいられなくなってベッドからがばっと体を起こし、わあああああっと取り乱してしまった。

驚いて飛び起きたあべちゃんに話にもならない混乱をぶちまけ、言葉にならないおえつをふくめ、胸にあることを長い時間をかけてきいてもらった（何回めだよ）。あべちゃんは半分白目のまま辛抱強く話をきき、どの問いかけ、発露にも、全方位に適応してくれ、最後はなぜか、おっぱいパブとおしりパブの話になって、元気になって寝た。そして、なんとか落ち着きをとりもどし、すーっとした気持ちですやすや眠りにつくことができたのだけど……そのときのわたしはもちろん、翌日、破水をしてそのまま入院&予測していなかった怒濤の出産に突入することなど、知るよしもないのだった。

破水

数日前から「前駆陣痛」と呼ばれる、ニセ陣痛というか、プレ陣痛というか、そういう痛みをときどき感じることはあったのだけど、直近の健診では「うーん、赤ちゃんはしたにおりてきてる感じあるけど、子宮口がぜんぜんひらいてないね〜」といわれていたので、わたしはかなり油断していたのだと思う。

ある朝の7時頃。おなかのしくしくする痛みで目が覚めて、「あー、またニセ陣痛かあ、面倒だな」くらいに思っていたのだけれど、なんか、その痛みはこれまでとはちょっと違って、なんか、リズムがあるのである。

そう。これが噂の10分間隔、というやつで、痛みは生理痛がちょっとはっきりした程度のものなのだけど、しかしこれがほんとうに規則正しく、アイフォンで測ってみるとちゃーんと10分ごとに、まるで勤勉な波のようにやってくるのである。

痛みそのものにではなく、その「リズム」になんだか「すごい」などと感心していたのだけれど、それから少しして「あ！　これはもしかして陣痛なのでは！」と気づき、あべちゃんをゆすって起こした。

「この日にしよっか」と産院と話しあって決めた日からは4日も早い今日。

陣痛かもしれないけれど、まだ、ぜんぜんがまんできる範囲の痛み。

ただ10分周期がどうやら確立されているみたいなので、これって陣痛にちがいないと思うのだけど、でも、わたしいまからなにをしたらよいのだろう。この1年近く、わたしなりにこの日にそなえていろいろなイメトレをしてきていたはずなのに、なんということでしょう。なーんも思いだせないではないか。いったいどういうことやねん……と、お得意の生あたたかな自己嫌悪に陥ろうにもそんな場合でももはやなく、と、とにかく産院に電話をかけてみよう……そしたらなにかしらの指示があるはずだと思って、番号を押した。

わたし「あの、おはようございます。で、1時間ほどまえからおなかが痛くてですね、時間を測ってみたら10分周期っていうのでしょうか、リズムが生まれているんです」

看護師「あー、そうですか。痛いの、どれくらい痛いですか」
わたし「えっと、まだがまんできる、ぜんぜんがまんできる感じなんですけれど」
看護師「そうですか。破水とかってしていませんよね？」
わたし「破水……っは、まだ、まだです」
看護師「そうですか……うーん。むずかしいところですけど、でもまだ前駆陣痛の可能性もあるので、がまんできるのであれば、ちょっと様子見していただいて」
わたし「がまんできます、がまんできます」
看護師「痛みがいま以上に明確に強くなったり、おしるしとかあったりしたらすぐに電話くださいね。あと、がまんできないくらい痛くなったらすぐに来てくださいね。痛いのがまんすると、無痛分娩の意味がなくなっちゃいますからねっ！」

電話を切ったあと、ふう、と大きな息を吐き、「しんどかったけど、おととい入院の荷物まとめといてよかったな」とかそういうもっともらしいことも考えていたのだけれど、じつはわたしの胸のなかにはあるモヤモヤがあって、それは「今日、どうしても、生まないといけないのだろうか……」という、まるで他人事のような、往生際の悪さなのだった。

というのも、無痛分娩はある意味で計画分娩でもあり、そしてわたしの子宮口は快調に固いまま、そして出産予定日まで4日もあるということで、気分はそういうスケジュールでいたのである。いくら「出産はまったなし」であるとはいっても、わたしとしては1日でも出産を遅らせたいという事情があるのだった。その理由はごくシンプルなもので、じつはわたし、予定日までの4日間で、食べるものをぜんぶびしっと決めていたのである。それが全なしになってしまうことが、これ、この期に及んでかなり真剣に悔やまれるのだった。

食べたかったものは、ふたつ。

モスバーガーと、焼き肉。

最近はいろいろ忙しくて食べにいく暇がなくって、でも出産したら外食なんてぜったいにできないから、なんとか出産までに食べておこう、予定日前の数日でこの思いのすべてを果たそうと、強く強く決意していたのである。

それがもし今日入院だなんてことになったら。ああ、もったいない。もったいなすぎる。どうか、どうかこれが本気の陣痛じゃありませんように。ニセ陣痛でありますように。そして今日の午後、モスバーガーを思いっきり食べにでかけられますように。

明日も焼き肉、親の仇《かたき》かってくらいに食べられますように。出産はそれが終わってからでお願いします。まじで。わが子に会えるかどうかということよりも、わたしはそんなことをなによりも真剣に思いつめていたのだった。食べものって、食欲って、すごいね。

一心不乱に念じていたせいか、なんか、心なしか痛みが遠のいていってる感じがする……ああ、やっぱりこれ、前駆陣痛の一種やったんやわー。お騒がせしたわー。飛び起きてそのままあたふたとしていたあべちゃんにそういって、モス行こモス、などといっていたのだけれど、あべちゃんはまず、今日か明日で必ずやっておかなければならない歯ぐきの抜糸を念のためにしに行ってくるとだけ残して、びゃっと風のように飛び去っていった。

わたしはモスバーガーを食べるための腹ごしらえというか、キッチンへ行って納豆ご飯とベーコンエッグをさっと作ってこんもり食べて、そのあとベッドにもどって寝そべって、ふんふんふん〜♪などと余裕しゃくしゃくのかまえでもって、枕元にある小説などを気ままにぱらぱらとめくったりしていた。そして、面倒だなあ、と思いつつ（なんせ体重がすごいので、ベッドから起き上がるだけのことがおっくうなのよ）のっしのっしとトイレへ行ったら……なんか、ぱんつに薄い、赤い水みたいなのが、うっすら、うっすらついているではないか。

「なにこれ」ということで、ああ、これってもしかして「おしるし」ってやつじゃないの？　いや、たぶんこれおしるしってやつやわ。でもおしるしってやつがぱんつにこのようにしてやってきたとして、これっていったいなにを知らせる、いったいどういうものやったっけ……赤いしみをじいっとみながらしばらくぼーっと考えてみたのだけど、これもまた、なーんも思いだせることがない。またもや、のっしのっしとベッドにもどって「おしるし」を検索してみたけれど、なんかやわらかいものだけででてきあがったベルトコンベアーにのせられて運ばれてゆくおふとんみたいになった出産直前のぼんやりした頭では、なんかいまいちはっきりしたことがわからない。

いっこだけわかったことは、「おしるしは破水ではないので、すぐに出産、というわけではない」ということで、ということは。

今日はこれから問題なくモスを食べられるということで、そのことにものすごーくほっとして、ぬくぬくと安心したのだった。そのあと、すごい早さでもどってきたあべちゃんに、「おしるしきたかもー」と伝え、「え？　え？　おしるしって？　おしるしって？」とくりかえすあべちゃんに「あー、出産準備は整ったで、っていう合図みたいなものなんじゃないのかな」ってなあいまいな返事をしつつ（頭はモスでなにを食べようかということでいっぱいなので）、「一応、でも、やっぱ電話はしておいたほうがいいよ」とうながされたので、ふたたび産院へ電話をかけてみた。すると、「破水じゃないと思うけど、破水かもしれないので、入院道具をもって念のため、診察にきてください」とのこと。赤いねんから破水なわけないがな、おしるし、おしるし！　おなかももう痛くないしさあ〜とか笑いつつ、まあ診察に行って安心して、それからモスたべよモス。わたしはもうそれだけをいいつづけてタクシーに乗って産院へ行き、名前を呼ばれて検査してもらったら、なんと破水ということで、そのまま入院することになってしまったのだった。

わたしの左腕には水分の点滴。背中には針が入っていてそこから麻酔、右腕に血圧計、おなかに心音と張りの計測パッド（陣痛の大きさを予測するもの）が貼りつけられており、まったくもって身動きのとれない状態で、ベッドで横になっているのだった。

そう、この2時間足らずのあいだに、こんなことに。

破水が確定した時点で「家には帰せませーん」ってことになって、すぐに部屋に案内されてパジャマに着替え、着圧のぴっちりした靴下をはかされて、そのまま歩いて処置室へ。

そっこうで点滴をし、背中をまるめて麻酔のカテーテルを装着。そしてバルーンを入れる処置……。なにもかもが一気にはじまるこの感じが、渦中にあっても信じられない……。

どの処置も、処置じたいは、あんなにあんなにあんなにまじで真剣におそれてはいたけれど、幸いなことにほとんど痛みもなくって（ほっ）、けれども、バルーンを入れたあと、バルーンのせいなのか、陣痛関連なのかはわからないけれど、おなかの奥、子宮口のあたりがはっきり痛い。でも、まだがまんできる感じ……麻酔を使ってしまうと、そこから赤ちゃんを外に出すまで、いっさいの飲食が禁止になってしまいます。ごはんどうしますか？　ときかれたのだけれど、このまだ耐えられる痛みのあいだになにか食べておきたいという気持ちがどうにも勝って、ごはんを思いきり食べてしまう。食事してから2時間以上は麻酔が使えないのだけれど、このぶんならまあ大丈夫だろう……と思っていたのだけれど、またもや。またもや予想は裏切られ、食べ終わった直後から、急に「!!」っていう、思わず目がしゃっと覚めるような痛みがやってきて、時間を測るとこれまた10分のリズムをまめに刻んでいるではないか。

こ、これが陣痛というものか……。

この数日、そして今朝味わった前駆陣痛の痛みとはあきらかにステージのちがう痛み……。

それが10分ごとにやってきて、なんていうか……もりもりもりもりもりもり……とおなかがとめどもなく張りながらその張りとともに痛みが深くなってゆく流れというかあんばいで、その「もりもりもりもり」がいちばんてっぺんにきたときには「‼」と息を吸うしかできないような、そんな痛み。

陣痛の強さを測る計測器の数値はこの時点で28とかなんだけど、28でこの痛み。計測器の数値の最高レベルは１００まであって、思わず二度見してしまった。この時点で、わたしが味わったことのある腹痛ナンバーワンだったのだけれど、ひゃ、１００って……。

たいしたことあるのか、ないのかわからない、その28とかの痛みをわたしは麻酔が使えるようになるまでの2時間を耐え、しかしこれが本当に痛かった。

もりもりもりもり、がやってくると息ができなくなるような感じになって、おなかを両手でがしっと押さえ、10分間隔でやってくる数分の痛みがとにかく過ぎ去ってくれるのを目をぎゅうっとつむってこらえるのである。時間の流れが超絶スローリーで、ま、麻酔はよ……という気持ちでぜえぜえやっているのだけれど、その裏で、「わ、わたしはあとちょっとでこの痛みから解放されるかもしれんけど、でもやっぱ、普通分娩ってすごすぎるし壮絶すぎる……これのもっともっともっともっと痛いのを20時間とか30時間とか耐えるねやろ……そんなんって、そんなんって……」とそこまで考えて、またもりもりもりもりもりがやってくる。とにかく、とにかくわたしのこんな出産の初段階も初段階の状態でも、こんなあんばいなのである。出産って、出産って……お金にかえたらいったいどれくらいの労働っていうか、しんどさなんやろう……い、1千万は余裕で超えるな……2千万円だっていくかも……もりもりもりもりもりを耐えながら、わたしはそんなことも考えたりするのだった。

麻酔は、すごかった。

かちかちかち……とシャーペン式で麻酔を入れると、これがもうほんとうに嘘か魔法かというくらいに、いっさいの！　いっさいの痛みが、瞬時に消え去ったのである!!　わたしは信じられなかった。ほんとうに、もう、どこも痛くないのだ。もりもりもりもりはあるけれど、もりもりもりもりはただおなかがふくらむ感じがするだけの感覚としてあるだけで、もう、ほんとにまったく痛くない。麻酔っていったいなに。とにかくすごすぎる。そして気のせいか、どこか快適な感じさえするじゃないの……ここから絶飲食、というのは考えるだけで気を失いそうだったけど、とにかく戦いの火蓋は切られたのだ。もう、行くしかあるめぇ！（どこに？）あとは子宮口に入れたバルーンがちょっとずつ子宮口を広げて、そして自然にぽとりと落ちてきてくれるのを待つだけだ！　そしたらそこから一気に出産！　やったるで！　と、痛いのがなくなったとたん、痛くなくなったのは自分の精神力のおかげでも手柄でもなんでもないのに急に気が大きくなって、なんだか妙にテンションが高まって、このままなにごともなくすべてを終えられると思ったのだけれども……そうは問屋がおろしませんで、ここからが、ここからが本当の、本当の、地獄のはじまりなのだった。人生でいちばん痛い日々の、これは幕あけだったのよ。

帝王切開

ちょろっと破水してしまったために、「出産するまでになにがなんでも食べたる」と息巻いていたモスも焼き肉もけっきょく食べられないまま入院。

無痛で生むと決めてからおそれていたけれど、やってみるとたいしたことなかった麻酔の処置を受けて、ベッドに横になって、バルーンを入れた子宮口がひらいてくれるのをただひたすら待っていたのだけれど、なかなかひらく気配がないみたい。

麻酔をしているので、モニターに表される数値と、もりもりもりもりっていうおなかの盛りあがってくる感覚でしか陣痛の様子ってわからないのだけれど、28とかそんなで「!!」とまじで絶句していたわたし（ちなみに子宮口はこの時点で1センチ、とか……）。

しかし目のまえのモニターは最高値の100をずうっと横ばい、ストップ高みたいなあんばいになっていて、その直線をみているだけで気を失って倒れそうになるのだった（って横になってるけど）。100て……無言でモニターをみつめながら（病室にはほかにみるものってあんまりないのよ）様子をみにきてくれる看護師さんに思わず、

「あ、あの、いま、おかげさまで麻酔がきいておりまして、100、とかっていう数値でも痛くないんですけど、これでまだ子宮口1センチとかっていう、そ、そういうレベルですよね……バルーン落ちてこないですし……で、この測定器って100が最高値ですけれど、う、生む瞬間の絶頂の痛さって、あの、ここの数値でいえば、いったいどれくらいなんでしょうか……」

と怖いものみたさできいてみた。

「うーん、そうですねえ。個人差ありますけど、生むときって子宮口10センチになりますから、少なくとも200とか？　ふつうに超えてる感じじゃないでしょうか」

かわいい顔をしてさらっとこんなにもえげつないことをいって去っていった看護師さん……200、か……もはや想像などできるはずもない痛みの数値をわたしはぶつ

ぶつと半びらきの目でつぶやき、この痛みのすべてをないことにしてくれている手元にあるシャーペン式の麻酔の器具にむかって心のなかでなむなむと手をあわせることしかできなかった。

入院して、麻酔&バルーンの処置をして、部屋にもどって最後のごはんを食べて、それから1時間だけ数値28の陣痛を味わい、麻酔を入れて、ほっ。

それからベッドに横になって、尿道にカテーテルを入れて、あとは子宮口が広がってバルーンが落ちてくるのを待って、そしていよいよ出産へ……という段どりで、途中までは順調な流れなのだった。しかし、バルーンがとれないのよ。通常ならば、バルーンを入れてから長くても半日もすればいいあんばいになってバルーンが抜けて、出産への流れができるのだけれど、なぜかわたしの場合、昼下がりにバルーンを入れてそして真夜中を過ぎても、バルーンが落ちるどころかいっこうに子宮口がやわらかくなる気配はなかった。

だいたい1時間ごとに、看護師さんがやってきてくれて、尿の量をみ、巨大なナプキンを替えたり、氷をおなかやふとももにそっとあてて麻酔の効き具合などをチェックしたりしてくれる。そのたびに子宮口の大きさもチェックしてくれるのだけど、やっぱりぜんぜん固いまま。

そしてこの子宮口の大きさのチェックっていうのがなかなかの驚きの連続で、最初は、いま何センチ、とかって、いったいそんなのどうやってチェックするんやろ……と思っていたのだけれど、なんのことはない、看護師さんがふつうにさっと手を入れて、指さきでちゃちゃっと確認するのである。そう、女性器に指さきを入れて、確認するんだよね……こうして冷静に文章にしてみると、なかなかすごいことをやっているといまでも思うし、ひとあしさきに出産した先輩妊婦ミガンからきいたときは「そんなんまじかよ」って感じで信じられなかったけれど、しかしじっさい、わが身に起きているのである。

挨拶よりも自然に、笑顔よりもカジュアルに。看護師さんはひらりと部屋に入ってきて白い手袋をちゃっとはめ、そして当然の流れでもってさっと指を入れるのである。最初はすごく恥ずかしくて、な、なんだかなあ、と横になりながらも気持ちはもじもじしていたのだけれども、しかしそれが3回目にもなると、もう、恥ずかしい気持ちなんかどーっこにもなくなり、誰がどこをさわっているのかとかまーったく気にしなくなって「あ、どうもー」みたいな感じになって、もじもじどころか顔色ひとつかえずに「子宮口どうですかねー」「まだですねー」「えー、まじしつこいですねー」みたいな受け答えまでしているわたしがいるのである。

日常においてはかろうじての神秘性をまとっている女性器という存在も、たった数時間でその価値のすべてを失い、どうじに新たな価値をまとい、気がつけば生むための器官としてそこに存在しているのである……これが本当の価値の転倒……というほどべつに転倒はしていないのだけれど、しかしまあ、傾きぐらいはしているんじゃないだろうか。

シークレット中のシークレットな部位であるはずの性器ですら、必要と環境のためにほとんど一瞬でなにかがきっちりとこのように麻痺してしまうのだなあ。出産というのは、あらためてすごい事態だなあ……と思いながら、しかしこれはべつに出産にかぎった話でもないのだろうとも思うのだった。

たとえば、性産業というのは少なからずこの慣れと麻痺のちからを援用して成立する側面もあるのだし、その鈍さが発揮する新鮮さ、というようなものもまた、そこにはきっと価値として存在してもいるのだろうと思う。そう。それがなんであれ、経験するまえは「そんなのってぜったいに信じられなーい!」と思わずいってしまうような事態であっても、いざ経験してしまえばなんだって、本当になんだって慣れてしまうというか、適応せざるをえないというか。なんだって、きっと平気になっていってしまうのかもしれない。人間と環境の関係ってきっとそれ以上でも以下でもないのかもしれんな……培ってきた倫理とか、じぶんをあずけてきた常識とかって、角度をかえればこんなにも流動的で頼りないものでもあるんだよなあ……と、あらためてそんなことも思うのだった。

そんなことを、もりもりもりもりもりとふくらむおなかをおなかにのせながら（って変なんだけど、でもずうっとあおむけになってると、そういう感じがする）ぼーっと思ったりしつつ、その夜はなんだかさまざまなムラがあって、全体的に不穏なのだった。なんか、陣痛がだんだん弱くなり、本陣痛じゃないかも、という話になり、本番に備えていったん麻酔を解除しましょうということになったり（管はつけたまま）。ちょっと歩くとバルーンが落ちやすくなるかも、ということでカテーテルを外して麻酔やほかの点滴をひきずりながら自力でトイレに行くも、変化なし。ベッドにもどるとやっぱりものすごくおなかが痛くなってたまらなくなり2時間くらいしてからおろおろと麻酔を再開。

しかし子宮口にはまったく変化がみられず、ほとんど眠れないままにやってきた朝。

朝一番の検診で、先生から「子宮口をやわらかくする薬と、陣痛促進剤を入れましょう」という提案があって、薬を飲み、陣痛促進剤を点滴することに。しかし、それでもやっぱりやわらかくならず。あべちゃんもやってきて、昼にもまた薬を飲み、陣痛促進剤も継続し、夕方にもう一度、薬。しかし、子宮口にまったく変化はみられない。ど、どんな子宮口やねん……と看護師も先生も、それからもちろんわたしもあべちゃんも、大きなため息をつくしかなかった。

この時点で破水してから30時間くらい。

破水にもいろいろあって、「準備完璧です！」という気持ちのいい破水ばかりではなく、いわゆるフライング的な破水もあって、もしかしたらそれだったのかもしれない……みたいな話もありつつ、とにかく子宮口がやわらかくなるのを待っていた。しかしいつまで待っても、どれだけ待ってもなんの変化もみられない。おまけに陣痛促進剤が体質にあわなかったらしく、気持ちが悪くなってもどしてばかり……。洗面器におえおえ吐きながら、「陣痛促進剤でこんなに吐くって、こ、これ、そもそも無痛、不可能やったんちゃうんかな」と一瞬思ったのだけれど、まあ陣痛促進剤を使わない無痛、というのもあるのだしな、うまくいく人は、青信号だけを走りつづけて目的地に着くように生むともいうしな、そういう出産もあったわけだ、とか、もう考えてもしょうがないことばっかりがぐるぐると気持ちが悪くて涙がでてしょうがない頭や胸にうずまき、気がつくと夜。どうしようもないので促進剤はいったんやめましょう、今晩、様子をみて、明日また朝に薬を飲みましょう、ということでおひらきになった。そしてラーメンを食べるとその場で2リットルは余裕で水を飲むこのわたしが……なんと最初の麻酔をしてから一度も水を飲んでいないのだ。そしてこのさき出産したってまだしばらく水は飲めないのだ……それ以上考えるとヘイッ！と発狂しそうだったので、お水のことは考えないようにして、とにかく寝ころんだまま、もうろうとする意識で天井をみつめ、ときどきアイフォンで仕事をしたりした。

このあたりで破水から36時間が経過していて、これ、いったいどうなるのだろう。相変わらず測定器は100のストップ高を維持しており、おなかのもりもりもりもりだって、ずうっと規則正しくつづいている。陣痛はやはり、持続しているのだ。でも、子宮口がどうしたってひらかない。かつて、こんなにも長い一日半があっただろうか。うん、あったような気もするけど、でも今回だってすごく長い。赤ちゃん、きみは生まれてくるのか、こないのか。いや、そりゃ生まれてくるんだろうけど、なにかがうまくかみあってないのだよな。すべてはわたしの子宮口の問題なのだろうか。

　不安が不安を呼び、しかしもちろん自分でなにかができるわけでもまったくないし、あと何日こんな状態がつづくのだろうと思うと、ぞっとした。しかし、もしこの子が生まれてくるのならいくらなんでもあと数日で生まれてくるはずだし、そう遠くない未来に、いつかこのことにも決着がつくはずなのだ。いまのわたしは起きあがれずに不安たっぷりでここでこうしているけれど、もしかしたら決着のついた自分がこの世界のどこかにいて、いまのわたしを「あ〜、あのときしんどかったよね〜」とかいいながら余裕で思いかえしているのかもしれない。水を思う存分がぶがぶがぶがぶ飲んでいる自分がこの世界のどこかにいるのかもしれない。そんな、なんの根拠もない妄想を自分にいいきかせてみるものの、でもやっぱりそんな自分、どこにもいないので、さらに、さらに心細くなるのだった。そう、そんなハッピーな自分は少なくともいま現在、世界のどこにも存在しない。っていうか、もしかしたらこの出産がよくわからないけど失敗して、赤ちゃんもろとも死んでしまうか、わたしだけ死ぬか、赤ちゃんだけ死ぬか、よくわかんないけど、そういうことだってじゅ――うぶんに考えられるのである。普通に起こりうるのである。血だっていっぱいでるのだし。だって、いまのこれって、ふつうにいって難産の状態ではないだろうか。わたしは麻酔をしてもらってるおかげで痛みがないからただ横になっているだけだけど、これが普通分娩だったら、昼も夜も問わず、ただひたすらに36時間も陣痛に耐えつづけていたはずなのだ（もっとすごい人もいるけれど）。

入院してからほとんど睡眠がとれておらず、しかし明日はいよいよ出産、ということになるかもしれない。ならないかもしれない。でも水分はともかく、眠っていないということがものすごく不安だった。

それを先生に話すと、睡眠導入剤を処方してくれることになって、それを飲んで少しうとうとと眠った。あいかわらず、おなかはもりもりもりもりもりをくりかえし、数値は100をずうっと維持。夜なか、何度も目が覚める。この時点で破水&入院から40時間が経過していて、看護師さんが1時間ごとにチェックしてくれるも、子宮口に変化なし。わが子宮口に、もはやひらく意志はないようだった。でも、破水は少しずつつづいていて、陣痛もきているので、やはり問題は子宮口。明日の朝、また飲んでみる薬でなんとかひらいてほしいけど、どうなるんだろう。時間の過ぎるのがほんとうに遅かった。この部屋にも相対性はばっちり行き届き、いつもの何十倍にも感じられる一分一秒を、まるでいまいるこの病院の面というすべての面を、小さな鉛筆で塗りつぶすような気持ちでただじいっとみつめるしかないのだった。

そして翌朝。飲める最大の量の、子宮口をひらく薬を飲むも、子宮口はびくともせず。

わたしも看護師も先生も、もう慣れた、というか、ため息で会話するようなそんなあんばい。午後になって院長先生がやって来て、すごい笑顔で、

「こういうことって、あまりないんですけどね、破水してから48時間経つので、感染症なども避けるために、帝王切開にしましょうか」

といってくれ、ほっとしたような、まじかよ、というような、もうあんまりわからない頭のなかになっていた。帝王切開……切ってだすのか……まったく。まったく想定していなかった事態であり、あまりにも想定していなさすぎたので、なにを思ってよいのかわからなかった。

院長先生の話をきいていると、この状態であれば、もう帝王切開がいちばん安心、ということらしく、それ以外の選択はないようだった。

あれだけやっても、２センチだってひらかなかった子宮口。昔だったら、母子もろ

とも死んでいったにちがいない。そんなことを思いつつ、外科手術にはあべちゃんの承諾も必要なため、話をきいて、しゃっとサイン。外科手術なので、（もともと予定はしていなかったけれど）立ち会いもなし。

で、いつごろになりますかね、ときいたところ、40分もあれば準備できるので、それくらいに！という超スピーディーな返答に胸がどどどと音をたてた。そして手術は20分もあれば完了するとのことで、なんなんだろうこの展開。っていうか、わたしの無痛分娩どこいった……とか胸にはいろいろが去来するのだけれど、それらのひとつひとつをつかまえて検分する気力も体力もなかったので、今季最大の半びらきの目でベッドに待機し、まもなくやってきたストレッチャーに移されて、そして手術室へと運ばれていったのだった。

そのときも、なんだかもうろうとする頭で、わたしの無痛分娩（高額費用）どこいった……などと思っていたようなそんな気がするけれど……そして毎回こういう終わりかたで芸がなくて申し訳ないとは思うけれど、この48時間のつらい待機の状態も、帝王切開&生んだあとのやばさにくらべると（以下省略）。

ああ、絵に描いたような困難の、圧倒的な右肩あがり。

しかし、とにかく、あと少し。あと30分もすれば赤ちゃんに対面するのである。できるのである。まじかよ。まじだよ。疲労困憊《こんぱい》とはうらはらに、なぜか妙に駆けあがってゆくテンション。「うっへへーい！　いってきまーす！」と両手を高速でふりながら、半ばご機嫌な調子で手術室にするするーっと吸いこまれていったのだった。そしてもちろん、このときのわたしは「腹を切る」ということが、いったいどういうことなのか、人間にとって切腹というものがどういうものであるのかということが、本当にまじで一滴も1ミリも、なーんもわかっていなかったのである。

なんとか誕生

できることはすべてやって、どれだけ待ってもけっきょくひらかなかった子宮口。

破水から48時間が過ぎたので帝王切開をすることになり、手術室に運ばれて、いろいろなものをちゃちゃっと装着された。ちらっと右斜めしたのほうをみると、ドラマや映画のこういうシーンでよくみられる「ピッコン、ピッコン……」っていう、あの、現在の生命のあんばいを示している緑の折れ線グラフのモニターもみえたりして、妙に感慨深かったりもするのだった。

「もしも、わたしが死んだらあれがピー、とかいって、まっすぐになるのか……」というようなことも頭をよぎる。まわりでは手術の準備が手際よく進められ、胸のしたあたり、寝ころんだこちらから下半身がみえないぐあいに四角いテントのようなものが設置されて、いよいよ手術がはじまるのだな、という感じがばりばりにした。

麻酔の管はそのままに、中身はさらに強い麻酔にかえられて、口にはこれまたドラマや映画でよくみる酸素マスクみたいなのをぱかっとつけられ、院長先生がいつもの白衣じゃなくて襟ぐりの大きくひらいた深緑っていうか、モスグリーンっていうか、またまたドラマや映画でおなじみの手術着でやってきた。

「ど、どれくらいで生まれるというか、でてくるのでしょうか」

そわそわしながらきいてみると、院長先生は、

「手術自体はね、早いです、10分もかかりません。すぐですよ。あっ、切るのは横に切りますからね。ビキニももちろん大丈夫ですよ！」

という、ある意味ここは世田谷なのにバカンス的な返事をしてくれたのだけど、わたしはビキニを着たことが生まれてこのかた一度もなかったような気がするし、ここでビキニがでてくるとは思っていなかったので、

「ビキニですか」

とちょっと冷静な声で返したら、

「あ、うれしくない？」

とちょっとまじな顔をした院長先生。

「いえ、う、うれしいです」

と即答したら、べつにとくにうれしく思っていない本心が即座に伝わったのか、

「あー……昔はそこのところも、重要だったんですけどねえ」

と、少し淋しそうだった。

よ、余計なこといったかなあ……せっかく良かれと思って先生いってくれたのにな

あ、なんて思いながら、ちらっちらっと院長先生のほうをみていると、胸のあたりに

ものすごい大きなペンダントがぶらさがっているのがみえて、わたしの目は釘づけに

なった。それはもう……なんていうのかギャングスタ系のラッパーも真っ青っていう

か、めっさ重たそうな金のむっさいかついネックレス&ペンダントで、あんなのお菓

子でしかみたことないっつうぐらいのペンダント部分にエメラルドとかそういうキラ

キラした宝石がいくつか埋められてるやつで、値段なんかこれもうげっさ高いに違い

ないそれはペンダントで、いま自分が手術台に寝ころんでいることも、これから手術

&出産することも忘れさせられるくらいの、それはものすごいインパクトだった。

「出血多量とか、そのほかいろいろな原因でもしもわたしがここで死んだら、最後に

みたポエジーっていうか、ワンダーは、風景とか言葉とか感情とかじゃなくって、先

生のあのペンダントなんだな……」とか思っていると、「じゃ、はじめましょうか」

という声がきこえて、手術室の雰囲気がきゅっとしたような感じがした。

看護師さんが、氷をおなかや太ももにつけて「冷たさ感じますか」と質問して麻酔の効き具合を試すのだけれど、麻酔が完全に効いてないうちに切られたりしたらとんでもないので、じっさいに冷たくなくっても、少しでも冷たい感覚があるような気がしたら「冷たいです！　冷たいです！」と大げさに叫んでいたのだけれど、なぜだかすぐにたずねられなくなってしまったのでものすごく焦って、「氷はどうなりましたかっ、氷の感じっ、しないんですけどっ」とさらに焦ってきくと、「あ、もう切ってますよ」ということで、知らないあいだに手術ははじまっており、おなかは無事、というか、ふつうに切られていたのだった。

テントがあるのでこちらからはみえないけれど、みえないでよかったと、心から思う。

痛みの感覚だけがなく、さわられている感覚、ひっぱられている感覚はふつうにあるので、これが大変に奇妙というか、おなかのなかに器具や手が入っているのが、ふつうに感じられるのである。たぶん皮膚みたいなのが左右にぐんぐんひっぱられ、たぶん内臓みたいなのがしっかりとつかまれて、こちらもがんがんひっぱられ、そういうのがしばらくつづき、それはまるで自分のおなかのなかで数人の益荒男《ますらお》たちが渾身のちからで餅つき大会をくりひろげているような、そんな衝撃だけがおなかの内部でぼんぼこだましているような状態なのである。でも、痛みはないので、いったい誰の体になにをされているのか、はっきりいってわからない、でもそんなん自分の体に決まってるやろ、みたいな誰も必要としていないつっこみというか混乱の極みが炸裂し、「もうすぐでてくる、もうすぐでてくる」という高揚感と、はじめての外科手術ドキュメントのこわさとのミックス加減になんかもうなにをどうしていいのかわからない感じになっていったのだけど、しかしそれでも意識のどこかはまっさらで、しーんとしていて、先生たちの声はよくきこえるのである。

「もうすぐ」とか「ここだね」とか、そういうひとつひとつをききもらさずに、なにもかもをしっかり記憶していようと思うわたしもいて、天井に備えつけられたいくつものまるいライトのあちこちをみながら、そしてなにに集中していいのかわからないまま、それでもおなかのほう——この1年間近くの日々、雨の日もしめきりの日も、あべちゃんとけんかした日もおいしいものを食べた日も、散歩した日も泣いた日も痛かった日もうれしかった日も、ずうっと赤ちゃんが背中を丸めてうかんでいたはずのわたしのおなかの真んなかあたりに気持ちはずっと集中していて、気がついたら「でてこい、でてこい、大きな声で泣いて、わたしのところにでてこい」と声にはださずに、でも頭のなかでこれ以上はでないほど大きな声で呼びかけているのだった。

「おぎゃっ」

その声が聞こえた瞬間、「生まれたっ」と、どきっとしたけれど、先生がすかさず、「まだ生まれてないのに泣いたっ」といって、意味がわからなかったのだけれど、「でも、もうでます、もうでます」という言葉がきこえて、そのつぎの瞬間、「生まれましたっ」と声がして、それからはっきりと連続した赤ちゃんの泣き声がきこえてきて、赤ちゃんがぶじ、わたしのおなかからでてきたことを知ったのだった。

最初の「おぎゃっ」がきこえてから、興奮なのかなんなのか、もう「うおー」みたいな感じでわたしは声をだして泣いており、気がついたら「生まれましたかっ、生まれましたかっ」と叫んでおり、「元気ですかっ、元気ですかっ」とも叫んでおり、「ものすごく元気な男の子ですよ」という声をきいてさらに号泣し、とにかくぶじに生まれてきたのと出産が終わったのとで胸というか世界というか……認識しているすべてが、こう、世界のどこからかこみあげてくる、これまでみたこともさわったことも味わったこともないもので満たされていて、息をしてそれがゆれるたびに、涙があふれてどうしようもなくなるのである。そのうねりのなかからわたしは「ぶ、ぶぶぶぶじにとりあげてくださって本当にありがとうございましたっ、ましたっ」とも叫んでおり、いつのまにかずれていた酸素マスクを看護師さんに笑顔で再びつけられて、そして手術室の奥のほうできれいにしてもらっているはずの赤ちゃんの泣き声が響いているのをきいているのだった。

生んだ直後に、でゅるりん、と胸に生まれたそのまんまの赤ちゃんがやってくる、というのをなんとなく想像していたけれど、帝王切開というのは外科手術なのでいろいろとあんばいがちがっていて、赤ちゃんをみるまえ、胸に抱くまえに、切ったあとを縫いあわせなければならないらしく、対面はなかなかできなかった。

先生は丁寧かつきれいに縫合してくれているらしく時間も相応にかかり、しかし生んだ直後の興奮もいい感じで覚めてきて、「つぎの段階はよ」という平常心にもどっていたわたしはじりじりしはじめていた。いまがどんな状態なのかわからないので、申し訳ないと思いつつもたまらなくなって先生に質問してみると、

「先生、い、いまどんなあんばいですか」

「あ、いまおなかの外にあった子宮をなかにもどしてます。それから筋肉を縫って、皮膚を縫いますからねー」

「(子宮が、そ、外にでてたの……)」

その言葉からテントのむこうに、そして自分の下半身に、じっさいにくりひろげられているだろう現実の絵を思いうかべてみようとしたけれど、わたしごときのやわな想像力では、無理だった。

縫合がぶじにおわり、息子はやってきた。

頭に黄色の薄いニット帽をかぶせられて、赤くむくんだものすごく小さな顔をした人間が、わたしの胸にやってきた。ほおをぺたりとわたしの首のしたあたりにつけて、小さく、かすかに、息子は呼吸しているのだった。そのときはもうわたしも息子も泣きやんでおり、「なんか、赤くてしわくちゃで、酔っぱらいみたいだな……」とか、少々落ち着いた気持ちで眺めることができたのだった。

しばらくして、あべちゃんが入ってきた。

わたしとしても、どきどきの対面である。こういうときって感動して泣いたりするのだろうか……や、っていうか泣くやろふつう。その瞬間、みとどけたる！　ぐらいに思って、首をありえない角度にねじりあげて（方向がわたしの頭のうえのほうだった）ものすごく目をひらいていたのだけど、赤ちゃんが寝かされている透明のプラスティックの寝床につれていかれたあべちゃんは、とくになにも言葉を発さず、なんか、まっすぐに立ったまま、じーっと赤ちゃんをみているだけのようにみえるのだった。

「あべちゃんっ、あべちゃんっ」
「あっ、え、はい」
「どうっ、どうよっ」
「え、うん」
「赤ちゃんっ、そこっ、赤ちゃんっ」
「え、うん」
「どうよっ、どうよっ」
「………」

立ったままこっちをむいたあべちゃんは、困ったような不安なような、そしてやっぱりうれしそうにもみえるよくわからないような顔をして、わたしと赤ちゃんを交互にみているのだった。背筋がまっすぐにのびていたのが、印象的だった。

そのあと赤ちゃんは再びわたしの胸にもどされて、あべちゃんは何枚か写真を撮った。

15分ほどそういう時間を過ごし、それからまた赤ちゃんは専用のベッドにもどされて、わたしはそのままいろいろな処置をされて、あべちゃんは退室。そして部屋にもどろうか、というときになって、なぜだか急激な寒気がおそってきて看護師さんに伝えるも、あっというまにがちがちと歯の根があわなくなるほどに震えが止まらなくなった。がたがたと体が上下して肩が跳ねてストレッチャーが音をたてるくらいになって、一瞬、手術室がざわついた。いましている点滴のせいかもしれないということでそれを外し、毛布でくるまれ、とにかく部屋にもどることに。さっきまで元気だったのに、いまや寒さと震えで話せなくなって歯をがちがち鳴らしながら運ばれてきてストレッチャーのうえで跳ねあがってるわたしをみたあべちゃんは、その光景が本当に恐ろしかったらしい。

「麻酔の関係で、みえはもう、こうなってしまった、おわった」と、とっさに思ってしまうほど、そのときのわたしは（自分じゃ「寒くて震えてるなー」ぐらいで、いまいちわからなかったのだけど）完全にやばかったらしかった（後日、「わたし、震えてた？」ときくと「……震えてたよ」と静かな声で答え、「どれくらい震えてた？」ときくと「『悪魔のいけにえ』のレザーフェイスに最初に殴られて震える人より、震えてたよ……それが映画じゃなくてさ、リアルに起きてるんだよ……恐ろしかったよ」と本当にこわいものをみた人の顔で静かにそういうのだった）。

点滴を外して、あべちゃんと二人きりの部屋で震えに震えていた震えもやがて落ち着き、その夜、赤ちゃんは新生児室で過ごすことになった。

面会時間ぎりぎりまであべちゃんは部屋にいてくれて、わたしは最初の麻酔をしてからはじめて氷をなめた。これまでいろいろなことを思ってきたけど、氷がこんなにもありがたいと思ったことはたぶん一度もなかった。わたしはおなかを切ったために39度の熱がでており、しかし意識は妙に冴えていて、気持ちも澄みわたり、なんか、すがすがしいというか、ひと仕事を終えて、これでしばらくはゆっくりできるというか、自分自身にはじめて「お疲れさま」と言ってやりたい気分だった。

そしてさすがに疲れていたのか、自力睡眠のまどろみがやってきて眠りについたのだけれど……しばらくして、世界が痛くて目が覚めた。

時計をみると深夜の2時。痛い。ぜんぶが痛い。いったいなにが痛いのかわからなかったけれど、とにかくすべてがものすごく痛い。痛みの裂け目からなんとか意識を脱出させて、いったいなにが起きているのかをみさだめようとしたそのときにわかったことは……これは、おなかの傷が、痛いのだ、ということだった。猛烈な砂嵐のような、吹雪のような、どこまでも真っ白なノイズが轟音で響きまくっているような、それはそんな痛みだった。

痛みのさなかにあっても、その痛みのすごさをうまく信じることができなかった。この1年、そして破水して入院してからも、わたしはアイフォンでときに仕事しながら、いちいち詳細な記録をつけていて、どんなときでもそれなりに書けていたはずなのに、あとでこの夜の箇所をみると「　帝王切開　まじやばい　」とだけ記されていて、それ以降の9日間、完全に白紙になっているのだった。

明け方に麻酔を1本追加してもらったものの、それ以降はロキソニンでのりこえなければならないという、何度きいても信じられない事態のただなかにわたしはおり、とにかく、息をしても、しなくても痛い。とにかく傷が、焼けるように痛い。生命の危機というものを感じたのはこれがはじめてだったかもしれない。閃光のような、鳴るような痛み。しかし、まばたきしているだけで世界がゆがむほどの痛みのなかにいるのに、信じられないことにこの昼からわたしは体を折り曲げて起きあがり、生まれたばかりの息子に授乳しなければならないのである。そして、傷の癒着を防ぐために、今日からふつうに歩かなければならないのである。そういう説明を受けながら、「これは、無理だな」と冷静に、客観的にジャッジをくだしているわたしがいるのだった。おなかを切られる、腹筋や皮膚や子宮を十数センチ切られる、ということがどんなことか、知らなかった。

顔を動かすだけで、腹筋を使っているだなんて、知らなかった。何かを思うだけで、おなかにちからが入っているだなんて、知らなかった。気休めにしかならないロキソニンを4時間ごとに2錠のみ、それでもかろうじて痛みがましになっているあいだに自動であがってくれる背もたれにもたれて、ものすごい時間をかけて起きあがり、よろよろと足をまえにだし、専用ベッドに寝ている息子に手をのばす。ものすごく時間がかかる。そしてものすごく痛い。

生んだ翌日は、お昼のあいだ、同室で過ごすことになっていて、朝いちばんにやってきたあべちゃんとふたりでおむつを替えたり、糖水を作ったり、乳首にかさぶたをつくりながら授乳したり、そんなことをして過ごしたのだけれど、この数日間のことをはっきりいって、あまり覚えていなかったりもする。あまりに痛すぎて、でもしなければならないことが山ほどあって、それは限界という名のふちを目隠ししたまま裸足で歩いているような、意識がもうろうとしていなければそこにいることもできないような、そんな時間だったのだ。

昼はそんなふうに部屋に一緒にいて、2日目、3日目の夜は、赤ちゃんを新生児室で預かってくれたので、わたしはひとりでベッドにあおむけになり、痛みに耐えていた。そして気がつけばアイフォンで「帝王切開　痛み　いつまで」となにかにとり憑《つ》かれた影のように検索している自分がいるのである。

痛みには、個人差があった。過去現在にかかわらず、わたしとおなじくらい苦しんでいる母親がおり、そしてたいして痛くない、という母親もたくさんいた。傷の痛みというのは人によるんだ、ということもはじめて知った。そして、つぎの瞬間に、地震やなにか大変なことが起きてもいまの自分は息子を助けに走ることもできない、なにかあっても守ることができないのだということを思うと、おそろしかった。

その夜は長かった。

生まれたばかりの息子がただ存在しているだけで胸の底からいとしいというかかわいいというか、なんといってよいのか見当もつかない気持ちであふれているのに、それとおなじだけ、こわいのだ。息子の存在がこわいというのではなくて、その命というか存在が、あまりにもろく、あまりに頼りなくて、なにもかもが奇跡のようなあやうさで成り立っている、そしてこれまで成り立ってきた、ということへの感嘆というか、畏怖というか、それはそんな、こわさだった。

母親というものは、これまで、言葉があるときもないときも、ただただひとりで孤独に、こういうことをくりかえしてきたのだ。誰にも伝えられない痛みに耐え、自分も赤ちゃんも死んでしまうかもしれない状態のなかで赤ちゃんを生み、そしてすべての母親に、こんなような最初の夜があったのだ。

そう思うと、悲しいのか苦しいのかよくわからない涙があふれて止まらなくなった。

戦時中に出産した母親はどうだったろう。爆弾が落ちてくる空のしたで、どんな気持ちで赤ちゃんに覆いかぶさっていただろう。赤ちゃんとひきかえに死んでいかなくてはならなかった母親もいたはずだ。その母親はどんな気持ちだったろう。どんな気持ちでいま自分が生んだばかりの赤ちゃんをみつめただろう。誰にもいえず、ひとりきりでひっそりと赤ちゃんを生んだ母親は。1年近くのあいだお腹で育てた赤ちゃんをついにみることも抱くこともできなかった母親は。すべての「お母さん」というものが、いまのわたしの体と意識にやってきては去り、やってきては去るのをくりかえして、その夜は朝まで泣きやむことができなかった。

そして翌朝。看護師さんに抱かれてやってきた息子は、昨日よりも少しだけしっかりしたようにみえて、小さな声で泣き、からだをゆっくりゆっくり動かして、生きていた。しわしわの手足をやはりゆっくりと動かして、息をしていた。どれだけみつめていても、みつめたりなかった。ほっぺにうぶ毛をうずまかせた息子は、まだなにもみえていないはずの目でこちらをじいっとみつめ、小さな口をあけ、先生に教わったままにおそるおそる近づけた乳首に吸いつくと、上手に口を動かして乳を飲んだ。ありがたいことに最初からじゅうぶんな母乳がでて、息子はそれを、時間をかけて、たくさん飲んでいるようにみえた。

わたしがいま胸に抱いているこの子は誰だろう。どこから来た、いったいこの子はなんなのだろう。わたしとあべちゃんが作ろうと決めた彼は赤ちゃんで、わたしのおなかのなかで育ち、そしてわたしのおなかからでてきた赤ちゃんなのだけど、でも、肝心なところ、彼がいったいなんなのか、どれだけみつめても、それはわからなかった。そして、やっぱり彼は、わたしとあべちゃんが作ったわけでは、もちろんなかった。かわいい。とてもかわいい。そしてとても小さくて、あまりにもろく、目を離したらすぐに消えてなくなってしまうんじゃないかと思ってしまう。これまで出会ってきたどんな人とも物ともちがう存在のしかたで、まだ言葉も記憶ももたない息子は、わたしに、ただじいっと抱かれているのだった。

人は、すべての存在は、いったいどこからやってきて、いったいどこにいくんだろう。なんで、こんなわからないものやことを、わたしたち、やってのけることができているんだろう。そして、生まれてこなければ、悲しいもうれしいもないのだから、だったら生まれてこなければ、なにもかもが元からないのだから、そっちのほうがいいのじゃないかと、わたしは小さな子どものころから、ずうっとそんなふうに思ってきた。人生は悲しくてつらいことのほうが多いのだもの。だったら。生まれてこなければいいのじゃないだろうか。生まれなければ、なにもかもが、そもそも生まれようもないのだもの。そんなふうに子どもものころから思ってきた。だけど、わたしはいま自分の都合と自分の決心だけで生んだ息子を抱いてみつめながら、いろいろなことはまだわからないし、これからさきもわからないだろうし、もしかしたらわたしはものすごくまちがったこと、とりかえしのつかないことをしてしまったのかもしれないけれど、でもたったひとつ、本当だといえることがあって、本当の気持ちがひとつあって、それは、わたしはきみに会えて本当にうれしい、ということだった。きみに会うことができて、本当にうれしい。自分が生まれてきたことに意味なんてないし、いらないけれど、でもわたしはきみに会うために生まれてきたんじゃないかと思うくらいに、きみに会えて本当にうれしい。このさき、なにがどうなるかなんて誰にもなんにもわからないけれど、わからないことばっかりだけど、でもたったいま、このいま。わたしはそんなふうに思って、きみを胸に抱いて、そんなふうに思ってる。

産後編

生んだら、こうなった！

乳として

息子を生んだその瞬間から、もはや、自分は、完全に、人間でなくなりました（BY太宰治）。即身仏ならぬ、即身乳。そう、ただ乳として存在する、かろうじて人型をしているだけのものに、気がつけば一瞬でわたしは変身してしまっていたのである。

赤ちゃんを生んでからたいへんなことは、もうこの本の後半全部をつかって書いても書きたりないくらいあるけれど、まずはなんといっても授乳である。

片乳7分。それを左右で、15分とかそれくらい。多いときには片乳10分。あわせて20分。昼夜問わず、2時間おきに一日13回とか、それくらい。

もともと、「ぜったい母乳でいくで」みたいな考えかたはなかったわたし。でるかどうかもわからないし、でなかったらでなかったで日本には栄養価の高い優秀な粉ミルクがあるのだし、混合でもいいし、ここはひとつフレキシブルにいこうやないの、というあんばいでいたのだった。

「母乳じゃないと健康に育たない」

「母乳だと免疫力がついて病気にならない」

「成長過程に差がでる」


などなど、みなさんもご存知のとおり、数えればきりがないほどあふれている母乳神話。もちろん、初乳（いちばん最初にでる母乳。黄色っぽい感じの濃いやつ）から半年くらいまでの母乳のありがたさは本当だけれど、でも、粉ミルクには豊富で母乳に少ない栄養素もあったりするし、わたし自身が生後2ヶ月から粉ミルクで育ったりもしているし、まあ考えかたはいろいろなのだ。

とにかく、「ぜったいにこうでなければならない！」という考えだけはもたないでいこうと言いきかせていたわたしなのだけれど、結果的に母乳メインで育てることになったのは、ありがたいことにおっぱいにトラブルもなく母乳が最初からとめどもなくでたことと、あと、「粉ミルクって、つくるの、ものすごくめんどうくさいんじゃないか……」と思ったからだった。

だって、毎回分量を計って熱湯で溶かして、水で人肌まで冷ましたりとか、そんなことを昼夜問わず、えんえん2時間おきにできるだろうか、わたしに。できないような気が、した。でも、母乳だったらぺろんとめくってどこでもいつでも飲ませることができるわけで、夜中に授乳するときに泣いてる赤ちゃんを抱えて階段をあがってキッチンへ行き、そこでミルクをつくるなんてことはどう考えても無理なような気がした。母乳が現実的ではなかろうか。それに半年間は免疫力もあるということだし……そう思って母乳メインにしたのだけれど、でも、けっか的に「どっちが楽」ということはなかったな、というのがいま思う、素直なところ。そうでないところがあるのだよそう。母乳と粉ミルク、どっちにもいいところと、そうでないところがあるのだよね。

粉ミルクだとお母さん以外の人でも赤ちゃんにミルクをあげることができるし、そのあいだお母さんも休むことができる（夜とかね）。でも母乳の場合、3時間でおっぱいが「なんの冗談ですか」っていうくらいにかんかんに張って石みたいになってしまうし、とにかく基本的にお母さんは赤ちゃんと離れることができなかったりするわけで。なんにもないときならいいけれど、お母さんだって人間よ。病気したり急な用事が入ったりしたときなんかもあるわけだから、そんなとき誰かに預けることもままならないわけなのだった。

もちろん、母親の都合でなく赤ちゃんを第一に考えて母乳か粉ミルクかを選択する、っていうのは前提だけれど、赤ちゃんにとって母乳がぜったい的に善というわけでもない。アレルギーをもってる場合だってあるし、出が悪かったりしたら体重だってなかなか増えない。これはお互いにストレスではなかろうか。どっちが楽で、どっちがためになるとかっていうのは、それはお母さんと赤ちゃんのおかれた環境、によるのだよね。ひとつはっきりしていることは、とにかく赤ちゃんの生命を維持するということは、母乳にせよ、粉ミルクにせよ、ぜったい的にのっぴきならないことであるということなのだった。


で、わたしは母乳でスタートしたのだけれど、これがかなりたいへんだった。

とにかく、まず、乳首がものすごく痛い。

ただでさえデリケートな部分なのに、一日にトータル250分以上、赤ん坊とはいえ生存をかけた意気ごみで吸いつづけられる、というか噛みつづけられるのだから痛くないわけがない。まだ入院中、最初に授乳してから数回目ですぐに血がでて、それからかさぶたになって、それでも吸われるから乾くまもなくぬるぬるになってはがれたりしたのだけれど、しかし相手は生命である。そう、授乳に待ったなし。

「あの、血がでていて、かさぶたになったところもはがれちゃって、みためにもけっこうあれなんですけど、つづけたほうがいいですよね？」

もうろうとする意識で質問したら、看護師さんは「うんうんわかる」という優しい笑顔で肯《うなず》いて、

「ほんとうに、もうどうにも無理だったらあれだけど」

「はい」

「基本的には、靴ずれとおなじだって、考えてほしいの」

「く、靴ずれ……」

「そう、だからそのまま、GO！ って感じなんだよね」

「GO！……ですか」

「うん。GO！ なんだよね……痛いよね、痛いよね。でもここがまんのしどころ。母乳でいくならここはのりこえないといけないところなんだよね……でも2週間くらいしたら慣れてぜ〜んぜん痛くなくなるからねっ！ がんばって！」

看護師さんのGO！　の部分になるとカッときらめくハイテンションも気になったけれど、しかし、切り傷↓かさぶた↓めくれて生傷↓そこに歯茎&ものすごいちからで吸引……この激痛のサイクルを、2週間……わたしは生まれたばかりの息子を授乳枕にのせて抱っこして、まだ癒えない傷の激痛に耐えつつおっぱいを飲ませながら、ふわふわあっ……と気が遠くなりそうだった。と同時に、「乳首が靴ずれ、か……」と看護師さんの比喩がなぜか心に残って感心などして、赤ちゃんがなめても大丈夫な軟膏をこれまた痛みに耐えながらぬりぬり塗って、またそこを吸われる、をえんえんくりかえしているのだった（軟膏、いろいろ試しましたが、ピュアレーンっていうのがいちばんよかったです。塗り心地もなにもかもが）。

そう。生んでからの数週間をざっくりふりかえってみると、もう、基本的に痛いということしか思いだせない。

帝王切開だったのにもかかわらず（一種の切腹だよね）、わたしがお世話になった産院は手術の翌日に歩行、2日目にシャワー、そして5日間で退院せねばならず、激痛を抱えたまま、よろよろと家へ。ロキソニンを4時間おきに飲み、効いてる2時間くらいのあいだはかろうじて動けるって感じだけれど、退院時にいわれた「あまり飲み過ぎもよくないので、慣れていってね」という一言がどうにも気になって、頼り切ることもできなかった。とにかく起きあがるときのことを考えるとおそろしくて、横になるのがただただ怖く、痛みがなくなるまでの10日間ほどはベッドじゃなくって、ずうっとソファでうとうとしているだけだったように思う。

ただでさえ出産で身体はぼろぼろ。くわえて傷の痛みがあって、そして、2時間おきに授乳をしなければならないので、もちろんまともに眠ることもできない。せめて傷あとがましになるまでということで、大阪から子育て経験のある姉（以下さっちゃん）が1週間、来てくれることになってわたしは涙がでるほどうれしかった。

「できるだけ、赤ちゃんが眠ってるときに、睡眠とらなあかんで」

さっちゃんも、あべちゃんも、そういって家事も沐浴《もくよく》もできることはしてくれるのだけれど、授乳というものがあるかぎり、赤ちゃんを生みたての母親がぐっすり眠る、っていうのは基本的にむずかしいのじゃないだろうか。

とにかく気が張っていて、すぐそばにいる生まれたての赤ちゃんがあまりにも生まれたてすぎて、不安で、なにをしていても緊張していて頭のなかが沸騰しているみたいになっている。

あまりに小さすぎるので、「息をしていないんじゃないか」と、とくに夜中などは授乳じゃないときでも顔を近づけて確認せずにはいられない。室温は大丈夫だろうか。枕元にデジタルの時計&温湿度計を置き、朝から夜まで、赤ちゃんとこのデジタルで表示される数字しかみていなかった。

おっぱいを飲ませながら何分経過したのかを確認して、おっぱいの左右をかえる。たてに抱いて背中をさすってげっぷをださせる。おっぱいを飲ませるときの抱きかたもいろいろとかえる必要があって、まだ骨盤が安定してないせいか、足の甲のあたりがつっぱって、いろいろ歩くときに痛みがでるようになってしまったりも。そして授乳が終わって、おむつをかえて、抱っこして寝かしつける。息をころしてそおっとベビーベッドにもどしてから寝てくれたことを確認して、成長記録に授乳の時間と分量を書きこむ。わたしもソファにもたれて目をつむる。やっとうとうとしはじめた、と思ったら「エ……」という赤ちゃんのうめきで目がさめる。気がつくとあれから2時間が経っていて、また授乳のくりかえし。授乳以外でも泣けば泣き止むまで抱っこだし……24時間、朝も昼も夜も関係なく、これがもう、ずうっとつづくのだ。

かわいい♡拷問

育児の現実的な疲労にくわえて、産後の女性ホルモンのバランスの崩れからくるお母さんの、絶体絶命感。

ノイローゼにだって、ふつうになるよ。

わたしは率直に思った。赤ちゃんがかわいいとか、かわいくないとか、そういうのとべつの次元で、「眠れない」ということが精神と肉体をどれだけ破壊するものなのか、わたしは自分が体験するまで、そんなことまったく知らなかった。

終わりのある仕事のために数日無理をして、自分の意志で徹夜をしているとかそういうものでもなく、最低数ヶ月はつづく、24時間ぶつぎり睡眠。4日間、いっすいもできないこともあった。冗談じゃなくてこれは、じっさいにある拷問とおなじなんである。そう、このぶつぎり睡眠っていうのは、いうなれば、「かわいい♡拷問」みたいな感じで、しかしかわいかろうが、♡だろうが、拷問は拷問なんである！うとうとしたら冷水をかけられるみたいにして起こされ、意識がもうろうとするなか、産後でぼろぼろのからだをまるめて、ずうっとおなじ姿勢でかちかちのおっぱいをふくませつづける。首も、肩も、背中も限界。泣きつづける赤ちゃん。そりゃ涙もとまらなくなるよ。泣いてるんじゃなくて、もう、ただただしんどくてしんどくて、限界で、涙が勝手にたれてくるんだもの。なにもかもが激変して、とつぜんにすべてが終わって、そして新しいなにかが自分のせいではじまってしまって、もう後もどりはできない世界をどんなふうに思えばいいのか。

この年齢でさまざまな体験と準備をして、まわりにかろうじて頼れる人がいて臨んだわたしの場合でも、こうなのだもの。ある程度の心の準備と、情報と、余裕をもってしても、これはちょっともう無理なんじゃなかろうか……と何度か思った。でも、これが若いときだったなら、これくらいの混乱と絶望じゃ済まなかったかもしれない。そりゃあノイローゼにもなるよな。いまがいつで何時なのか、赤ちゃんの記録もつけているし時計も見ているから文字や数字としてはわかってはいるんだけれど、でも、体にその感覚がまったくないんだよね。眠らないし、回復がないから、一日に終わりというものがないのだ。ただ、おなじことがえんえんくりかえされる切れ目のない世界。まるで長い一日の最初にいつもいるようなそんな感覚。もちろん個人差はあるだろうけれど、わたしの場合、おかしくならないほうが、おかしいような――少なくとも生んでから一年以上は、聞きしに勝る、そんな世界だった。

1週間、できるだけのことをしてくれた優しいさっちゃんも帰ってしまい（しばらく立ち直れなかった）、あべちゃんはいるけれど、あべちゃんだってはじめてのことばっかりにくわえて、やはり原理的にからだはべつの、他人である。共倒れになってはいけないということで夜は眠ってもらうことにしているので、あべちゃんは、基本的には睡眠をちゃんととれている。睡眠をとれている人に、わたしのつらさや気持ちがわかるはずもない。

真夜中。いまはいったいいつで、ここはいったいどこなんだろう。や、わたしはわたしで、生まれたての赤ちゃんがいて、わたしはいま、息子におっぱいを飲ませている。オーケー、ここは寝室だった。季節は初夏。室温は24度で、湿度は56%。あべちゃんは眠っている。部屋は暗くて、枕もとに小さな灯りがともっている。あまりにしんどい。あまりにきつい。最後にぐうぐう眠ったのって、いったいいつだったっけ。これはいつまでつづくのだろう。

「夫が眠ってると殺意がわくよ」

「眠ってる夫がまじできらいになるよ」

とか、そういう話はこれもう出産するまでたーくさんたーくさんきいていたのだけれど、そのたびに、

「うーん、どうかなあ。なんとなくわかるけど、でも、授乳があるから自分は起きていないといけないわけで。そのときに一緒に起きてもらっても、意味ないしなあ。わたしはたぶん、そういうふうには思わないだろうな。夜はぐっすり眠ってもらって、合理的に行きましょうや」

こんなふうに、わたしは本気で思っていた。

完全に、甘かった。まったく、なにもわかっていなかった。

そう、睡眠とは人格とか理性とか常識とかそんなもんを鼻息で吹き飛ばすくらい人

間にとって本質的なものであり、そう、いわゆる人間の「三大欲」のなかでも、ずば抜けて凄絶なものじゃなかろうか。そう……わたしは豊かな日本に生まれ育ち、戦争はむろん極限状態といえるものを経験したことはなく、よって本当の「飢え」というものを知らないのだけれど、たぶんこのぶつぎり睡眠のつらさというのは、それによく似ているのではないだろうか。死ぬほど眠いのに、眠れない、眠れない、眠れない……起こされる、起こされる、起こされる……激痛の肩をまるめて、授乳、授乳、授乳……意識は白濁、だらりと口元がゆるみ、半分、白目になった目で、ふと隣をみると……眠っている人がいるではありませんか。

（あ……眠ってる……この人、眠ってる……）

ただ、もう、うらやましいのである。それがあべであろうがなかろうが、眠れている人がうらやましいのである。飢えた人が、食べものを食べている人をみる心理とはこのような状態なのではないだろうか。飢えた人が食べものをみる絶望とは、このようなものではないだろうか。乳首に吸いつく赤ん坊を両腕に抱え、眠っているあべちゃんをどれくらい、みつめていただろう。眠っていることが、うらやましい。眠ってる、この人、ほんとに眠ってる……「ぶつ切りゾンビ」ならぬ「不眠ゾンビ」と化していたわたしは、真っ赤な目をして、夜なか、眠っているあべちゃんを無言のままみつめていた。

そんなふうに目だけがぱっちりひらいたままで、眠っているあべちゃんをみても自分が眠れるわけでもないので、もうため息もでなくなったある夜――友人から贈ってもらった本（『赤ちゃんがピタリ泣きやむ魔法のスイッチ』ハーヴェイ・カープ著、土屋京子翻訳、講談社）に書いてあった言葉がふっとやってきて、わたしの肩をそっと抱いてくれるように感じることがあった。

「いまはそんな心境にはなれないかもしれませんが、夜明け前に赤ちゃんにおっぱいを飲ませた日々が、いつか、人生の最も幸せなひとこまとして心に残る思い出になるかもしれません」

それはそんなような言葉だったのだけれど、この言葉ほど、夜中のわたしを救ってくれたものはなかった。「不眠ゾンビ」は、この本のおかげでかろうじて人間でありつづけることができたといってもいいくらいなのだった。

その言葉を思いだすと、頭ではわかっているけれど、あまりにからだがしんどくて遠くなりかけていた「いまのかけがえのなさ」が、すうっと甦ってくれるような思いがした。

目のまえの、まだ記憶も言葉ももたない、目さえみえない生まれたばかりの息子。誰がしんどいって、この子がいちばんしんどいのだ。

おなかのなかからまったく違う環境に連れてこられて、頼るもの、ほしいものはわたしのおっぱいしかないのだ。

こんなふうに両手にすっぽりとそのからだのぜんぶを抱っこできる時間なんて、この子の一生からみてみればあっというまに違いない。

深呼吸して、顔をみよう。生まれてきた赤ちゃん。手足。

たしかに眠ってなくてほぼ限界だし気絶するほど眠いけど、でもこの時間、この子のこの顔をみつめているのはたったいまここにいるわたしだけで、世界中に、いまここにしかない時間なのだ。

この子はきっと、すぐに大きくなってしまうだろう。こんなふうにわたしに抱かれているのも、あっというまに過去のことになってしまうだろう。誰にも伝えられないけれど、でもわたしはいま、きっと想像もできないほどかけがえのない時間のなかにいて、かけがえのないものをみつめているのだ。そして、夜中を赤ちゃんとふたりきりで過ごしたこの時間のことを、いつか懐かしく思いだす日がくるのだと思う。

そう思うと疲労困憊《こんぱい》から自然にたれてきた涙とはちがう、熱い涙が流れて止まらなくなった。がんばれ赤ちゃん。そしてわたし。指さきでまだやわらかい赤ちゃんのおでこを何度もなでて、『七つの子』をうたって寝かしつけると、赤ちゃんはその夜はじめて連続で4時間眠ってくれた。わたしも少しだけ、眠ることができた。

……………思わず、「わたし赤ちゃんに会うために生まれてきたわ」といってしまいそう……………

体も精神もつねに声にならない声（悲鳴ですね）をあげているけれど、でも、一日に何度か、信じられないほどしあわせな気持ちになることがある。

それはまるで——初夏の輝く空のした、みどり鮮やかな丘に腰をおろして、いい感じの木陰に身をひたして風に波打つ草原を眺めながら、こう、うつらうつら、する感じ……それでもって、目にうつるなにもかもをただしずかに祝福したくなるような、そんな気持ち……赤ちゃんを胸に抱いていると、信じられないほど穏やかで、ほんとうに、ほわほわとした、そんな気持ちになる（ときもある）のである。

なぜ、こんなにかわいいのだろう。

ものすごく小さくて、ふにゃふにゃで、赤くて頼りなくて、皮の剝けかけみたいなのがほっぺたとか手足にまだくっついていて、もちろん笑ったりなんかしないし、声だって泣き声以外は「エ……」とか「ホニャ」とかそれくらいだし、ただそこにいて息をして泣いて、おしっことうんちをして、おっぱいを飲むだけ。なのに（だからなのか？）、いままで人間にたいして抱いた感情のなかではダントツでいとしいとしかいいようのない気持ちが、どうしてこのようにとめどもなくわきあがってくるのだろう。

とにかく、どれだけみつめてもみつめたりず、みればみるほど、胸のあたりがぼやーっとして、なんともいえない気持ちになるのである。この感情をひとことでいうなら、単純に「至福」みたいな感じになってしまうのがあれだけれども、でも本当に、そんな感じなのだよね。

ある日、あまりにも赤ちゃんがかわいくて、不安になった。

この「かわいさ」って、いったいどこからくるものなのだろう……。でどころも理由もわからないのに、ただただ湧きでてくるこの気持ちに、なんだかふと、こわさみたいなのを感じる瞬間もあるのだった。

だって、子どもを生んだだけで（いや、だけ、というか、じゅうぶんしんどかったし、もちろん、ものすごいことだけれども）、赤ちゃんという、しかし立派な他人にたいして、自他の区別もつかないような、このようなあんばいの気持ちになる、なってしまう、というのが、なんだかちょっと解せないのだ。

まあ解せなくてよい、という意見もあるだろうけれど、しゃべったこともない人間に、出会っただけで無条件にこのような気持ちを抱いてしまうことじたい、虫がいいというか、都合がいいというか、自分に「それ、どうなんよ」とつっこんでおかなければならないような、そういう気持ちになるのもまた事実なのである。赤ちゃんに出会えたことで恥ずかしいくらいにしあわせな気持ちになるのは、それはそれでいいんだろうけれど、「じゃあいままでのあんたの人生、なんだったたんだよ」と、やはりちょっとはつっこんでおかなければならないような、そういう気持ちもあるのだった。

このかわいさって、これまで知ってたかわいさと、いったいなにがちがうんだろう。

たとえば、犬。

わたしは過去に犬たちとともに暮らした時期が長く、犬がとても好きなのだけれど、犬たちだって、最高だった。あの子らまじで、最高だった。犬たちはもう、それは年がら年中かわいかったものよ。

いつだったか、弟と話していたときのことを思いだす。

弟は3年ほどまえに娘ができたのだけれど、まだ娘ができるまえ、赤ちゃんができた友人Aに「飼っている犬と、どっちがかわいい？」とごくふつうの質問をしたことがあったそうだ（弟も無類の犬好き）。そしたらその友人はしばしの沈黙のあとまったく面白くもなさそうに「……次元がちがう」とだけ答えたらしいのだけれど、娘ができて今度は弟がべつの友人Bに「犬と、どっちが可愛い？」ときかれたそうな。「おれ、あのとき、はじめてAの気持ちがわかったわ……犬とどっちが可愛い？　ってきかれて、ちょっとイラッとしたもんな……」

そのときは「そうなん、あはは」とき流していたけれど、いまのわたしはどうだろう。

赤ちゃんと犬と、どちらがかわいいか。

たしかに次元がちがうというのは理解できる。次元というか、カテゴリーというか種が明らかにちがうので、なにかが基本的にちがうのだ。この基本のちがいがすべてなのだろうけれども、しかし、これは個人的に断言できるけれど、少なくとも、まだ目もみえずおっぱいを飲むだけで、ときどき泣き、ただ眠っている生まれたての赤ちゃんを「かわいい」「いとしい」と思う気持ちは、生まれたての犬の赤ちゃんを「かわいい」「いとしい」と思う気持ちの、少なくともおなじ延長線上にあることは、事実なのだった。

まだ鼻も短くて歩くこともできない生まれたての犬の赤ちゃんを抱っこするときのあの気持ちと、おなじく生まれたての人間の赤ちゃんを抱っこするときの気持ち。そこにいたるまでの苦労はまったくちがうけれど、でも「かわいい」と思ったときにおそらく脳内にぶしゅっと分泌される「かわいい液」は、きっとおなじものではなかろうか……赤ちゃんが成長するこのさきにおいて、たぶん種としての共感とかカテゴリーみたいな枠組みが強調されて、感情もまた分離していくことにはなるのだとは思うけれど……。

こんなふうに、誰にも問いただされてもいないのに、いま感じている「かわいさ」を相対化でもしないと人生的にやばいのではないかと思えるくらい、赤んぼうがかわいいのである。そしてそのすぐあとに、その反動、みたいな感じでとても悲しいことを想像せずにはいられなくなるのだった。そう、いつかやってくる、「すべての終わり」について想像することをはじめてしまい、ただただ悲しくてはかなくて、もう、すべてがやってられなくなるのである。

いまこの胸に抱いている息子の、わたしは何歳までをみることができるのだろう。そんなことを考えてしまうのだった。

いずれにせよ、おじいちゃんになった顔はみることはできないのだな。では50代はどうだろう。あべちゃんが43歳でできた子だから、50歳のとき、あべは93歳か。たぶんないな。わたしは86歳か。ありえるな。じゃあ40代はどうだろう。あべちゃん83歳か。ぎりぎりやな。わたしは76歳か。ぜんぜんいけるな。でも40代ってすぐやんか。いまのあべちゃんより、若いやんか。ああ、わたしはこの子と、長くてあと50年しか一緒にいられないのか。そうなのか。いつか、ぜったいこの子と別れる日が、これもう冗談でもたられればでもなんでもなくって、いつか確実にわたしたちをとらえてしまう、そんな日がくるのだな。まじで。

うまくいって、50年。そのほかに生きてゆく毎日には無数のリスクがあるのだから、うまくいかなかったらそれより早く別れがきてしまうのだ。そんなのって、どうしたらよいのだろう。そしてそんなことよりも、肝心で重要で避けがたく悲しくて信じられないのは、うまくいっても、うまくいかなくても、ぜったいに確実にこれもう必ず、わたしがこの子と別れる日が、くるのだということ。そんなこと、耐えられない……。

晴れた日には、ゆり椅子にもたれて息子を胸に抱いて、わたしはおいおい泣いた。つけっぱなしのテレビでコマーシャルが流れて左とん平さんがでてくると、顔のかたちが似ているというだけできっとこんなおじいちゃんになるのだろう、でもわたしはそれをみることができないのだと思っておいおい泣いた。いつかやってきてしまう、別れの日を思ってはなにもかもがおそろしくなって悲しくなって、子守唄をうたいながら、泣いても泣いても、涙が、どこまでも流れてくるのだった。

たとえば、ある日。わたしは赤ちゃんを抱っこしながら、なんとなーく、ふつーうのこととして、誰にもきかれてなどいないのに、「この子のためだったら、一瞬で死ねるな」と実感した。この子の命とひきかえに死ねますか、ときかれたら、信じられないことに、これがもう即答で死ねるという実感がいつのまにか宿っているのだった。

わたしは、あべちゃんにおなじ質問をしてみた。

「なあ、あべちゃんは、この子のために死ねる？」

あべちゃんが一瞬ためらったのを、わたしは見逃さなかった。

「ハーン……、そうか。死なれへんねんな。あんたは、この子のためには死なれへん、と。ハッハン……さすが父親やな……さすが、どこまでいってもしょせん社会的存在である父親さまやな……子どもは子どもでも、他人やもんなあ。そうよな、そらそうやんな……自分あってこその、世界やもんなあ……」

わたしは冷ややかにいい放ちながら、そして淋しくなった。この子を守ってやれるのはあべちゃんとわたしのふたりしかいないのに、そのかたほうがこの子のために死ねないと感じているのは、この子があまりにかわいそうではないか。っていうか、死ねるやろ。ふつうに、死ねるやろ。死ねなあかんやろ。わたしが暗い目をしてぶつぶついっていると、「や、いまさっき一瞬いいよどんだのはですね、」といいながらあべちゃんが近寄ってきた。

「なに」

「ですから、さっき一瞬だけ躊躇《ちゅうちょ》したようにみえた、と思うんだけど、そうみえたのは、もしそういう状況になったら、自分が代わりに死んで助ける、っていうそういう発想じたいがおれにないからであって。つまり、どんな状況になっても、ひとりも死なずに済むような解決策をとっさに導く、誰も死なせたりしない、とこういう考えを持っているから、なんだよね」

「はいはい」

気を遣ってこまかいところまで調整してくれるあべちゃんを適当にあしらって、しばらくぶすっとした態度でいたわたしだけれど、あとで冷静になって考えてみれば、これは完全にわたしのいいがかりで、「この子のために死ねるか」という設問じたいが、なんとも母親的というか、そういう発想ではあるんだよね。過剰に物語的というかさ。「この子のために死ねる」というのが、究極の愛の証明、無償の愛の条件であるという、使い古された物語を反射的になぞっている自分がちょっと恥ずかしくもなるのだったけれど、しかしやっぱり死ねるような気持ちでいることは真実で、しかしそれって「死ねる自分」にちょっといい気分になっているだけだったりするのかも……、よくわからない。でも死ねる。わたしはこの子のためになら死ねる。というより、なにがあってもこの子が死んだりしないでほしい……そう思うとまた悲しくなって、ウッウウッとおえつがはじまってしまうのだった。

とにかく、いとしい。とにかく、かわいい。とにかくずうっと一緒にいたい。時間なんか止まってしまえばいいのに（じっさいそうなったら発狂するほどたいへんだけど）。そんなことを浮き沈みする感情のなかで思いつめながら、はじめておとずれ、そしてはじめて味わうしあわせに、まいにち全身で戸惑っているような、そんな日々。

多くの人がそう感じているように、自分が生まれてきたことか、世界があることとか、物が存在することとか、そういったことは、ただそれがそうあったってだけのことで、こうだっていえるような意味なんてないよね、とわたしもずうっと思ってきた（この場合の『意味』がなんであるのかは、さておき）。だからこそ、「人生には意味がある」とかいいたいわけだし、あとづけしたいわけなのだし。運命とか必然とか、感じてみたくなるわけだし。

で、これも、もちろんそれらとおなじ、ただのロマンティックでナルシスティックな感傷にすぎないのだけれど、でも、息子に会えたのがなぜかというと、わたし自身が存在していたからであって、わたしが存在していたのは親がいたからであって、その親が……と、こう、遡《さかのぼ》ってゆくときりがないんだけれど、でもとにかく、無意味なりにも生まれてきたわたしがこうして生きていて、そして息子に会えた、と。これはまあ、事実だった。生きることに理由も運命もいらないけれど、でも、思わず、「わたしはこの子に会うために、生まれてきたんじゃなかろうか」とうっかりいってしまいそうになるほど、わたしにとって、息子との出会いは、大きな大きなできごとだった。これまでの経験とか感情とかが、息子をめがけてなだれこんで、そこからなにかがはじまるような。これまでのぜーんぶが、生まれてきた息子にしゅうっと収斂《しゅうれん》されてゆくような。こんな感覚、どう考えたって恥ずかしいけれど、でもこれが素直な気持ちなのだから、さらにますます、恥ずかしい。

頭のかたちは遺伝なのか

「どんな子どもになってもらいたい？」

「どんなお稽古事させるの？」

「やっぱ小学校から私立なの？　それとも幼稚園から？」

信じられないかもしれないけれど、赤ちゃんを生んだ直後から、会う人会う人にけっこうな確率でこんなような質問をされたりした。わ、わたしはいったいなにを生んだのだろう……とそのたびにいっしゅん考えこむことにもなったのだけれど、「まだ、早いかな？」と冗談めかして笑いつつも、みんなけっこう真顔なのが印象的だった。いわれてみれば、幼稚園なんて3年さきであっというまのことだしな。よくわからないけれど、なにかがすでにはじまっているのかもしれない。社会的ななにかが。

まあ、気持ちはわからなくもないんだよね。

というのも、生まれたばっかりの赤ちゃんって、まだ自我もなくて、記憶もなくて、ただそこにいるだけなので、要するに赤ちゃんの側に、いっさいの情報がない状態。だから、無理やり赤ちゃんに関係した話をしようとすると、こういう俗世的かつ社会的な、いわゆる「こちら側」の文脈でもって話でもしないことには場がもたないと、そういうわけでもあるのだった。

たとえば、「どっちに似てるか」ってのも、そう。

どっちに似てるかなんて、親にとっても、それこそ赤ちゃんに会いに来てくれた友人や知人にとっても、べつにどうってことない話のはずなのに、顔をみたらいちおう「どっちに似てるかねえ〜」ってな話をまずはしちゃうのも、とにかく赤ちゃんについて話すことって、それくらいしかないっていうのが、その理由なのだった。

でも、夫婦間ではちょっとちがって、世間の誰も興味をもたないはずのことを、いろいろと共有できたりもする。ぱしゃぱしゃっとなんでもない写真を撮って、「この表情……！」とか「あっ、ちょっと目つきが……！」とかそういう小さなことではしゃぎながら「こんなのを一緒になっておなじように感じてノッてくれる人間っていうのが、世界中であべちゃんしかいないっていうのは、これはこれですごいことよな……」と、連帯感なのか孤独感なのか、もしかしたらその両方なのかをあじわいつつ、またまた「みたっ？　いまの顔っ……！」とか、そういうことをえんえんやっているのであった（注・疲労でハイになってるか、ちょっとだけ余裕のあるときにかぎる）。

どんな子どもになってほしいか——わたしとあべちゃんの望みはただひとつ。それは犯罪者にだけはならないでほしいという、本当にただそれだけが切なる願いなのだけれど、それをいうと「ハードル、低っ！」と、みんな笑うのだよね。しかしわたしはべつに誰かを笑わせたいわけではなく、これを真剣に心配しているのだ。だって、考えてもみてくださいな。世のなかで記憶されているような過去の凶悪犯罪者たちだってみな、このように無垢で、ただ息をしているだけの赤ちゃんだった時期があったんやで。それが、育てかたなのかもともとの性質なのか環境なのか意図的なのか、もしかしたらそのぜんぶなのかわからないけど——とにかく無数の変数の荒波を経て、けっか、あってはならなかったできごとを起こす、その張本人になってしまったのである。もちろん例外もあるだろうけれど、おそらく、生まれてきたとき「この子を極悪犯罪人にしてやろう、うくく」みたいに考えた親って、いないはずである。でも、なぜか犯罪者になってしまったりするのである。毎日どこかで必ず犯罪が起きて、ふつうの人が犯罪者に変化してしまう瞬間があるのである。誰に「我が子だけは、だいじょうぶ！」などといえるだろうか。少なくとも、わたしはいえない。

わたしがそういうと、「もっと、ポジティブな希望はないんかいな……」とさらに呆れられるのだけれど、なにをおっしゃる！ もちろんわたしにだって、自分の赤ちゃんにたいするポジティブな希望くらいありますわいな！ それはなにかときかれたら……それはもちろん、頭のかたち、なのだった。

あべちゃんも、わたしも、泣けるほどのぜっぺき頭。

それは、しいたけのかさをたてにしたような、あるいはしゃもじのような、あるいはいっそ書籍のような……それはもうえげつないほどのぜっぺきで、冗談じゃなく、おでこのふくらみにたいして頭のうしろ半分がないのも同然の、悲しいほどのぜっぺき頭なのである。

こういうと、「ぜっぺき？ それってそんなに、困るもん？」なんてことをおっしゃるかたもいるのだが、ものすごく、ものすごく困るものなのよ。ぜっぺき頭のかたには深く肯いてもらえると思うけれど、ぜっぺき頭と、まるっこい後頭部をもった頭には、金額にしてみれば、そうだな……（なんでもお金に換算するよ）、わたしからしてみれば軽く1千万は超えるくらいの価値の格差がある。頭のかたちがよいということは、それだけでそれは価値なのである。それは少々の顔の造作のあれこれを吹き飛ばすくらいの説得力をもち、ぜっぺきならば悩みと悲嘆とに費やす毎日10分の時間を節約することができ、とにかく、どんな髪形をしてもよい、さまになる、どんなふうに髪を結ってもよい、ということが、人間の日々にとってどれだけありがたいことなのか——最悪な頭のかたちと髪質をもって36年間生きてきたわたしの、これは魂の叫びであり、わが子にはどうしてもまるい頭をもたせてやりたい……これが唯一あるといえる、わたしの親心なのだった。

そんなふうに、わたしがわたしの親心をなみなみならぬ決心とともに披露してみせても、みんな人並みの後頭部をもって生きてきたせいなのか、あまりぴんとこないようなんである。

ふうん、とか、へえ、とか、そんな感じで、わたしの意気ごみが、も、ぜんぜん伝わんないんである！　負けずに「まるい頭への道」みたいな計画を熱心に話していると、「え、でもそういうのって遺伝なんじゃなかったっけ？」みたいなことをさらりといったりする始末。頭のかたちって、そんなの骨格なんだから、遺伝に決まってるじゃーん、とかいうのである。

そう。ここで立ちはだかるのが例の「遺伝」ってやつである。

もし、彼らがいうように頭のかたちが遺伝だとしたら、わたしとあべちゃんの息子であるこの子の頭はいったいどうなってしまうのだろう。しいたけどころの話やないで。

それから、わたしは調べに調べて、調べまくった。その結果、頭のかたちには「遺伝である」というのと「遺伝ではない」というふたつの考えかたがあるようだった（そりゃそうか）。

後者はあくまで寝かせかた、習慣の問題であるというのにたいして、前者は「じゃあなんでアフリカ人とか、みんなそろいもそろってあんなに後頭部がでてるんだよ！ぜっぺきのアフリカ人、みたことあんのかよ！ぜっぺき頭は顔のひらたいアジア人の宿命なんだよ！抵抗するだけ、無駄だよん」というわけで、そういわれると、た、たしかに……ぜっぺきのアフリカ人、みたことないわ……彼らが後頭部をつけて寝かされていなかったとは考えられないし、環境が左右するのなら、こう、頭のかたちにもう少しくらいバラエティがあってもいいよね。でもアフリカ人も、欧米人も、みんな頭のかたち、いい……やっぱり遺伝なんだろうか、どうなんだろうか。遺伝派のみなさんがいうように、これって抵抗しても、無駄なのだろうか。

でも、わたしはあきらめきれない。なぜならば、息子の頭のかたちが、生まれた瞬間から生後2ヶ月の時点まで、ありえないほどにまるく、親とは涙がでるほどにちがいすぎるすばらしいかたちをしていたからなのだった！　帝王切開で息子を生んだせいもあるのだろうけれど、ものすごくまるく、はじめて手にした後頭部のあのまるさをあきらめるわけにはいかないのだった。なんとかこのまま、このまるさを維持すれば、どうにかなる話なのではないだろうか！

しかし遺伝派は、このワラをもつかむような希望をも「くっくっくっ、まあやってみてごらんなさいよ……ぜっぺきの子はぜっぺき……すぐにへこんで、しいたけになるからよ」と笑うのであった。

そこからわたしは、ドーナツ枕はもちろん（生まれた直後にすかさずセットしようとして、看護師さんに「ま、まだ、早いかな！」とたしなめられた）、授乳ごと（つまり2時間おき）に頭のむきをかえることを徹底し、いつ何時であっても、そこにあるまるさを維持するために心血を注いだ。一日に1枚、横むきの写真を撮り、前日との差をみくらべて、目をつむって息を吐き、精神を集中させてふたつのてのひらでその後頭部を受け、どんな変化も見逃さないようにくる日もくる日も儀式のようにチェックしつづけた。もう、よくわからないけれど田んぼとか種火とかを管理する人々の心境に近いような、そんな気もした。もし、うまくゆかなかったときのためにと思い、様々なぜっぺき回避グッズも把握した。そして世界には、頭蓋骨矯正ヘルメット、ぜっぺき外来なる窓口、ぜっぺき回避の寝具なるものたちがあることを知った。そんなふうに、あまりにもわたしが過敏になりすぎて、赤ちゃんの頭をみてはそのたびに「あっ、きのうよりへっこんでる！」「あっ！　さっきより平らになってる！」とかいすぎるので、あべちゃんも「みえ、それ、おかしなってる」と他人事のようにいうのだけれど、わたしとしては疲労困憊のなか、一生懸命にやってるだけ、息子のためにやっているのに、という気持ちがあるのでその一言にぐさっと傷ついてしまい、しくしく泣いてしまったりもするのだった。

真夜中、ぜっぺき回避のリサーチをつづけていると、いぜんとして「遺伝説」は根強く、「そうか、いまはまるくても、こんなに努力していても、遺伝だったら、へこむべきときがきたらへこむのか……」わたしの気持ちは沈んでいった。アイフォンの検索履歴は「赤ちゃん　あたま　いつ決まる」とか「頭蓋骨のかたち　いつ　逃げ切り」とか、もうそんなんでいっぱいだった。「やがてくる遺伝の波に飲みこまれて、ぜっぺきは免れないかもな……」と、そんなことを考えながら、産後の骨盤矯正にでかけていったある日のこと。施術を受けながら「骨盤のプロということは、骨のプロ、ということは、頭蓋骨のプロでもあり、ということは、ぜっぺきのプロ……はっ！」みたいな少々間違ってるけどひらめいたわたしは、先生にしゃっと尋ねてみた。ぜっぺきって、い、遺伝なんですかね⁉


「ううん。遺伝じゃないよ」と、なんでもない顔をしてさらっと先生。

「えっ！　まじですか」

「うん。まじ」

「どっ、どれくらいまじ⁉」

「まじでまじ」

「にっ、2ヶ月の時点でまるかったら、維持していたら、まるいままですかっ」

「がんばれば、そのままだよ」と先生。


頭のかたちは、親のがんばり――。

ありがたくもすばらしい答えをいただいて、そこからいっそう、まるまる維持にがんばったわたし。効果があるのかどうかもわからないドーナツ枕もしかし欠かさなかった（ほとんどお守り状態）。

顔も身長も、性格も、それからわたしなんかは、とくに学業にかんしてなどはあまり興味も熱意もないのできっとなにもしてやれないだろうけれど、たったひとつ、わたしにも、やってあげられることがあったのだ。親からのギフト的なものが、あったのだ。このときでないと、わたしでないと、してやれないことがあったのだ。それは、頭のかたち……2時間ごとにくるくるとむきをかえ、まあるくなあれ、まあるくなあれ、と自家製の念仏を唱え、24時間体制でやりきった息子の頭はいま現在……おかげさまで、信じられないほどにまんまるである！

この達成感。なにかをはじめてやり遂げたような爽快感。いったいどう伝えたらよいだろう。頭をなでるたびに、髪を洗うたびに、まあるいなあ――、あ、まあるいな〜っと酔っぱらいみたいにいい気分になって――まあ、いくらまるくてもまるいのは息子の頭であってわたしの頭ではなく、わたしが死ぬまでぜっぺき頭であることには1ミリの変化もなくてときどきそれにはっと気づいて虚しくなるけど、だいたいはそんなことなど忘れてしまって思わず口ずさんでしまうあんばいなのであった。

ぜっぺきをおそれ、ぜっぺきに悩み、ぜっぺきに打ち勝とうとしている全国のお母さま&お父さまたち！　そして、あなたのお知り合いにもしそんなお母さま&お父さまがいたら、どうか伝えてほしい。あきらめないで！　そしてぜっぺきは、遺伝ではなかった、と！

3ヶ月めを号泣でむかえる

赤ちゃんが生まれて、やっと、やっと3ヶ月がたった。

かつて、こんなにもしんどくて密度の高い3ヶ月間というものが存在しただろうか。いや、そんなこと問うてみるまでもなくはじめてなのだけれど、一般的にも、出産してから3ヶ月めというのはひとつの区切りであり、ひとつの節目であるらしく、わたしも「なんとか、ここまで……」という達成感にみなぎりながら脱力したい、みたいな気分だった。

分刻みで、睡眠やら授乳やら、おしっこやらうんちやらの記録でびっしりと埋まったノートをみると、万感が押し寄せてそのままどこかへ流されてしまいそうなほど胸がぐわっと熱くなって、べつに死ぬわけじゃないのだけれど、ノートをみているとなにもかもが走馬灯のように甦っては、駆けめぐる。

退院するまえのこと。

すべてがぼろぼろの状態で、予防接種の説明、調乳、赤ちゃんにもしものことがあった場合の処置、黄疸《おうだん》の判断、救急病院の連絡先などなどの「そんなん一度きいただけで把握できるわけないやろ」という量の説明を受けながら必死にメモをとり（こういう説明のときって母親しか呼ばれないんだよね。なぜなんだ）、とにかく凄まじいプレッシャーに押しつぶされそうになって、こわかったこと。

はじめての母子同室。

おなかの傷があるので、なにかあったとしてもすぐに助けに動けないことがおそろしかった。そして、さっそくの授乳。ぶっ切り睡眠。切れめのない、抱っこ。沐浴（洗うのはあべちゃんで、わたしはキャッチ）。そのすべてを記録すること。家事（洗濯と掃除はあべちゃん）。それから自分のぼろぼろの体。明るくて眩しい、かけがえのない、しあわせな悪夢のような毎日。なんにもなかったようで、やっぱりさまざまなことがあった、この3ヶ月。怒濤にもいろいろあるだろうけれど、かなりの怒濤だった、この3ヶ月間。

でも、やっぱりうれしいことも、あふれるように思いだせる。

母乳の調子もよく、保健師さんの家庭訪問も、1ヶ月健診もクリアし、とくに、はじめて外出をした日は忘れられない。

そのままのびのび寝かせられるかごみたいなベビーカーをレンタルしてそこに赤ちゃんを乗せて近所を30分ほど散歩したこと。なんでもない、いつもの風景なのに、いままでとはもうなにもかもが違うのだ。「いま歩いている道、これまで歩いていた道」が「これからはこの子と一緒に歩くんだろうなあという道」に変わって、さきのことを想像しては、ちょっと不思議な気持ちになってしまう。照れたような顔でベビーカーを押すあべちゃんが、どこか誇らしげで、それを眺めるのは、とてもうれしかった。

手も足もあいかわらず小さいけれど、新生児のころにくらべると格段に人間という感じがして、目もちょっとはみえるのか、メリーなどを一応はじいっとみつめている感じ。このころに、お布団をしいてベッド代わりに使っていた大きなローテーブルから目を離したすきにぼてんと落ちて、大騒ぎした（わたしとあべちゃんが）。20センチくらいの高さから落ちたのだけど、それが高いのか低いのか、それすらもわからず焦りに焦った。あたふた相談所に電話して、さいわいなんにも問題なかったからよかったけれど（そして約3ヶ月後、今度は大人用のベッドからまたもやぼてんと落ちた。こちらもさいわい大事はなし……）。

おなじ2ヶ月の終わりごろから、ときどきうつぶせにしてみると、なにかの拍子に首をくっとあげるようになった。寝返りは、3ヶ月に入ってすぐだった。ふつうは首が完全に座ってからみたいなのだけど、逆だった。体が大きくなったな〜とはっきりわかるようになったのもこのころからで、おっぱいだけなのに、体がなぜこんなにむちむちになるのだろう……そしてなぜこんなにふくらむのだろう……人間って、すごいのう……まるまるとふくらんだ顔、そしてふさふさで生まれてきた髪の毛のあたりがちょうど海苔のようでもあって、そう思うともうおにぎりにしかみえなくなって、わが家では自然と「オニ」と呼ぶようになった。おにぎりのオニである。

オニは、さいわいなことにアレルギーもなく、母乳をぐんぐん飲み、わたしのおっぱいもとどまるところを知らず分泌されて、かといって24時間あふれっぱなしというわけではなく、つまり、とてもほどよい感じだった。もちろん3時間をすぎると火にくべた鉄鍋のようにカンカンになるので、それだけは念入りに注意したけれど、あれだけ買いこんだ母乳パッドも使わずに済んでもったいないやら、ありがたいやら。

しかし一般的には母乳トラブルってとても多くて、専門の「母乳の駆けこみ寺」的なところに文字通り駆けこむ人も多いのだよね。乳腺炎にかかって、熱がでて、うみになって入院して、手術しなくちゃいけなくなった人もいるし、どうやっても母乳がうまくでない人もいる。母乳相談室的なところには授乳をスムーズにするために通っておっぱいを専門的にもんでもらう人も多く、そこに集ったお母さんたちがいっせいにおっぱいをもみしだくので、うわさによるとその相談室の壁には乳しぶきのあとが一面にあるという……とまあ、そんな都市伝説はさておき、とにかくわたしはあらゆるおっぱいのトラブルに悩まされることがなく、これは本当にありがたかった。

いっぽうオニも、昼と夜、基本的にはリズムも安定して、夜は必ず2時間おきに起きるけれど、夕方のそらもうえげつないほどの30分ほどの断末魔タイム（いわゆるコリックですね）をのぞいては、ふだんはあまり泣かない赤ちゃんだ。夜も、なかなかポジションが決まらず寝かせるのに時間がかかっていたけど、薄手の布で両手両足をぎゅっときつめに「おくるみ」することで、擬似胎内みたいなあんばいにしてやったところ、これが魔法にかかったように、ころりと眠るようになったりも。

なんでも、人間の赤ちゃんは頭が進化しているため、生物としては3ヶ月早く生まれてきているという考えかたがある（それ以上胎内にいると、頭が大きくなってでることができなくなるから）。

つまり、本当はほかの哺乳類たちのように、あと3ヶ月ぐらい胎内で成長したかたちで生まれてくるのがベストなのだけど、進化の過程で人間は頭脳をとったため、早くでてくるしかなくなったという話。

だから生後3ヶ月までは、できるだけ胎内の状態に近い環境を作ってやると赤ちゃんも安心してこの世界に慣れてゆくことができるというわけで、それにならって毎晩「おくるみ」でぎゅっとくるみ（あの、とつぜんビクッとなる、モロー反射もふせげる）、BGMとしては子宮のなかで聴いていた雑音（ホワイトノイズ）を模したといわれる「赤ちゃんが泣き止む魔法の音」というタイトルのついた音源をＹｏｕＴｕｂｅで、できるだけ大音量でエンドレスに流して（製作＆公開してくださったあなたさま、深く感謝申し上げます。あなたさまのご厚意がなければ、3ヶ月をのりきるのはまじ無理でした）、数えきれない夜を、われわれはのりこえていったのだった。

そしてわたしはといえば、生んで2週間くらいから——いったいなにを考えていたのか今となってはどう考えても「働きホルモン」のしわざとしか思えないのだけれど、まともに産休も育休もとらずに仕事に復帰したので、頭がおかしくなりはじめていた。

いま思うと、これも産後クライシス（これについては、おいおいゆっくり）の初発のなにかだったのかもしれない。

最初から、みんなにいわれていたのだ。

生んですぐは興奮しているから無理しがちなのだと。里帰り出産もしないし、親御さんも手伝いにきてないようだから、どうかくれぐれも無理しないようにと。退院するときに看護師さんから、そして家庭訪問してくれた保健師さんにも、「しんどくなったら赤ちゃんから少しでも離れるように」「掃除なんてしなくていいから。埃で人は死にません」などなど、いわゆる「産後うつ」予防的なことから身体疲労についてまでいろいろアドバイスしてもらっていたのに、そして頭ではわかっているのに、ホルモンというやつはこれ、ものすんごいやつで、認識と現状のすべてをまるっとあざむいてしまうのである。

いまからはまったく理解できないのだけれど、なぜか「ここでがんばらねば、いつがんばるのだ」という、まったく謎としか思えない追いこみをわたしは自分自身にかけており、しんどいのに無理やり覚醒しているというか、知らぬまにそんな日々を自らに課していたのだった。

いつも以上に家事をがんばり、掃除をし、ご飯なんておかずを3品も4品も用意して、仕事もふつうどおりこなしていった。あべちゃんは「無理しないでね」といいつつも、わたしの作った料理を食べ（ふつうそりゃ食べるよね、でもこのことが後々、ものすごい恨みとなって爆発する）、皿を洗い、そしてわたしは授乳と抱っこのあいだ、本来ならなにもしないで体力回復にあてなければならなかった空白の時間を「ひとつ残らず、埋めなければならない」という強迫観念に追われて、つねに体と頭を動かしつづけていた。でも、わたしは、わたしに、ゆうたりたい。ごはんなど、どうでもよろしい。仕事も、適当でよろしい。あとであんなにつらく、悲しい思いをしてみんながしんどくなるのなら、悪いことはいわんから、ここはちゃんと休みなはれ、と。

でも、このときはわからなかったのだ。

とにかくものすごいプレッシャーだったのだ。

赤ちゃんを生んで育児がはじまっても、仕事や家事を生むまえとおなじかそれ以上できなければならないのだとつよく思いこんでいた。それができなければ、このさき、赤ちゃんを抱えたまま仕事もつづけて生きていくのが無理になってしまうのではないか、資格みたいなものが（そんなもん、ないのに決まってるのに！）剝奪されるかもしれない——どこかでそんなふうに思いこんでいたのだと思う。もちろん、じっさいに書き仕事っていうのは書かなければ書かないだけ、勘も技術も鈍ってしまうところもある。でも、「ここでがんばるのがわたしじゃないか。破水のときだって、仕事をしていたのだ」。自分の、そういう「のりこえ系」のイメージにすがっていたというか、それがないと不安でしょうがなかったんだと思う。とにかくなにもかもが必要以上に過剰で、確実にキャパシティをオーバーしているのに、自分でそれを止めることができなかった。

でも現実には、もうぜんぜん眠っていないし、授乳もあるし、からだはどこからどうみても、もう限界。ふとやってみた、「ラジオ体操第一」の最初のパートもできないくらいに筋肉はかちかちにかたまって、動けなかった。まずストレッチだよな……と思って体を動かそうとしてみても、それじたいをどうやってはじめればよいのか見当もつかないくらい、それは、知らない人間の体だった。たぶん、老人の体だった。手首は腱鞘炎《けんしょう》の一歩手前で、いっつもひりひり痛んでる。目のしたには、「あれあれ、こんなところにムール貝が」とかいってる場合じゃないけれど、でもそれくらいひどくて大きなクマがべっとりついていて、でも、なぜか、がんばることをやめられなかったのだ。

この時期、わたしは泣きながら包丁をにぎり、米を研ぎ、鍋をつかんで、食事を作っていた。あべちゃんが少し休んで、なにか買ってくるよといってもかたくなにそれを断り、洗濯をして干して畳んで、ベッドをきれいにセットした。しなくていいことばっかりやって自分を追いこみ、まるで誰かになにかを証明してみせているかのように、わたしはとにかく働きつづけたのだった（そしてこの無理が、われわれ夫婦を数ヶ月後、まじでまじな地獄へ引きずりこむのだった、ぶるぶる）。

でも、とにかくここまでやってきた。３ヶ月。オニが人として第一歩をふみだせるところまで、あべちゃんとふたりでやってきた３ヶ月。これからどうなるんだろう、３ヶ月。

四六時中なにかに追われながら、まだ涼しい午前中にはオニを連れて、近所の公園まで歩いていった。ベンチに座って抱っこひもからだして、「ほれ、木の葉っぱがゆれてるよ。風が吹いているからだね」と話しかけると、じいっとみているような、そうでもないような。オニ、かわいいオニ。考えてみれば、おまえとはまだおしゃべりしたことがないんだねえ、なのに、こんなに大好きなのは、なんでかねえ。しゃべれるようになったら、最初になにを話そうかねえ、おかあたんもあべちゃんもおしゃべりだから、家のなかがうるさくってたいへんだよ。早く大きく、ゆっくりなってな。そんなことを話しかけながら、公園のベンチに座って、いつもつぎの風が吹くのを待った。

ひきつづき、かかりすぎるお金のことなど

オニも健やかに4ヶ月めに入り、予防接種も順調（いろいろ考えたけれど、推奨されているものはすべて選択しました）。母乳の免疫効果なのかなにかはわからないけれど、とにかくいまのところは風邪もひかず熱もださず、ありがたいことである。体重は6・7キロ、身長は64・8センチ。区が実施する3〜4ヶ月児健診に行って「順調な発育です」とコメントをもらって、ほっ。

しかしあれやね。親というかわたしというかは勝手なもので、ふだんは「個性」とか「独特の意気ごみとか姿勢」とかを広く善しとしているのに、こういう基本的なことに限っては「標準」を強く求めているのだから、なんだかなあ。成長曲線の真んなかに打たれた点をみて、「順調、よかった」なんていって、安心しているのである。まあ「個性」とか「意気ごみ」とか「姿勢」とかは、人間の生存にとって二次的なも

のであることはあるので、まずは一時的なステージが順調といわれて安心することじたい、当然といえば当然のようにも思うのだけれど。そう、生存させるのに、精一杯なのだよね。まずは今日一日。そして明日。4ヶ月になって、さすがに生まれたてのころよりはしっかりしたようにみえるけど、でもまだなにも、安心できない。

4ヶ月も経つと、自分的にはまだ産後、という感じが強くて、じっさいなにも解決なんてしていないし、それどころか睡眠不足は加速して、さらにしんどさが積もる日々なのだけど、しかし社会的には「もうそろそろ落ち着いたやろ」というふうに認識されはじめるころでもある。

なので、基本的には家にいてオニの世話をあべちゃんとして、それぞれ仕事をしての毎日だけど、ときどき夫婦そろって仕事で外出しなければならない日があったり、あとやはり日々のしめきりがあるので、シッターさんに来てもらわないとさすがにもたちゆかない、というあんばいになってきた。

いろいろなシッター会社があったけれど、知りあいからすすめてもらった会社の人にまずは家に来てもらって、いろいろな話をさせていただくことに。するとはじめてお会いしたかたが超近所にお住まいで超ベテラン、そしてなによりも感じがとてもよくて、こう、じわああっとあふれてくるような自信と一生懸命さと、そして包容力など、とにかく総合的にすばらしい印象をもったので、お願いしてみることに。

まずは一日5時間お願いして、わたしたちは階下にいて仕事するのだけれど、そのあいだ、泣き声がただの一度もきこえてこなかった。おむつもゲップも、なにもかもが完璧。わたしがいるときは授乳しにあがるけれど、いないときは搾乳したものを冷蔵庫からだしてしかるべき温度にあたため、そして留守にするときは沐浴まで完全におまかせできるのだ。まだ反応もにぶい生後4ヶ月のオニにずうっと話しかけて、さまざまなおもちゃをさわらせたり鳴らしたりして一分一秒を惜しむように遊んでくれ、「べ、ベビーシッターさん、すばらしすぎる」とわたしは大げさでなく、安堵と感激の涙を流したほどだった。ちからになってくれる人にめぐりあえた、ということに胸が震えたのである。

そう、シッターさんを決めるのってかなりいろいろむずかしい、何年も面接ばっかりつづけてる、というような話をきいたり読んだりしていたこともあったので「こんなにすんなり決まってよいのか」と逆に不安になるくらい、わたしたちは幸運な出会いに恵まれたのだった。

しかし、気になるのは料金である。

平日のみ一日5時間、ときどき土日に数時間をお願いする、というわたしたちのパターンでも、月に25万円くらいは余裕でかかった。しかも一日5時間では、なにもできないのがじっさいのところなんである。家庭や仕事のちょっとした雑務をやり、メールの返事を書き、届いている連載コラムのゲラをやって送信したらこの時点で2時間くらいは余裕で過ぎているのである。授乳をはさみ、連載用のコラムを書き、書きかけの小説を少し読みなおしていたりしているとさらに2時間くらいは経っており、そうしたらもう夕食の調理のために台所へ行かねばならない。そう、仮眠をとる時間はもちろん、詩や小説を書く時間など、どこにもありはしないのだった。

朝から夕方まで——いわゆる保育園の時間帯をシッターさんでお願いしてみるのはどうかと思いたって計算してみたことがあったのだけれど、そしたら40万円以上。わが家は独立採算制の割り勘システムなのでひとりひとつき20万円……毎日めちゃくちゃ働いてきた&働いているので、やってやれないことはないけど、一年でざっと48

0万円か……そう考えると、これはちょっと得策ではないような気もするのだった。ある知りあいのバリキャリ・ウーマンは、産休をとるとキャリアがストップしてしまうので産後すぐに現場復帰し、自分が稼いだぶんはすべてシッターさんへそのままつぎこみ、生活は夫の稼ぎで回していたという話をしていたけれど、さいわいわたしは家にいて、自分の都合で仕事のスケジュールを組みたてられる環境ではある。なのに、仕事をするためにオニの面倒をみてもらって、その時間で稼いだお金を支払って、また翌月の支払いのために仕事をするそのあいだのオニの面倒をみてもらう……これっていったいどういうことなのだろう。

なんかが、おかしくないだろうか。

では、わたしが仕事を休んでオニの面倒をみれば円満なのだろうか。

じゃあ、あべちゃんは？　あべちゃんと交互で仕事の日をわけ、オニの面倒をみるというのは？　しかしオニについてさっと気がついて早く対応がとれ（なんだかんだいっても母親のほうが赤ちゃんについてもってる情報量が多いので）、そしてなによりも授乳をしているのがわたしという時点で、あべちゃんとわたしが同様にオニに接し、おなじだけむきあえるということはありえない。じゃあ、ここは母親であるわたしが育児に専念するしかないのだろうか。いや、それはない。なぜ、あべだけが仕事ができるのだ。ふたりの子どもなのに。じゃあ気合を入れて、年間480万円払うしかないのだろうか。でも、それは、なんのために？　かけがえのない、生まれたてのオニとの二度ともどってはこないこの時間をお金で買ってなくしてまで、わたしはいったいなにがしたいのだろう？

そんなふうに、お金だけではない、シッターさんにオニをあずけることをめぐる諸問題に胸がちくちくして気も沈む日々。それだけじゃない。家事のことだってある。買いものにでるのがたいへんなので、生協に登録してみたりもしたけれど、適当な分量がいつまでたってもわからないまま買いすぎてしまい、すぐにだめに。ほかには週に一度、ダスキンにお願いしてお風呂掃除と掃除機をかけにきてもらうことにしたけれど、人に掃除をしてもらうってことがどうにも苦しくて、こちらもだめに。

精神も、肉体も、堂々めぐり。家事も大事だけれども、しかしなにより考えなければならないのは、オニのお世話のことである。シッターさんのことである。仕事との両立のことである。

そんなさらなる堂々めぐりのなか、ほとんど外出もしないのに（しないから、よね）、なぜだかいっぽうで、ものすごーくネットで物を買っていたりもして、1ヶ月が経ったあとに請求書をみて、「えええ」と驚いてしまうというのも、この日々の特徴だった。

というのも乳幼児を育てている人間にとってネットショッピングっていうのは生命線だし、そして外部とのつながりでもあるし、あと、やはりたんてきに、便利なのだよね。オニに必要なものでも「あっ、ない！」と思えば、そして「これがいいぞ」と電話でミガン（半年早く第一子を生んで、なんでもいろいろ教えてくれる親友、ここ ろ強い存在なのだった）に話をきいたりなんかしたあと、その日の午後に頼めば翌日にはちゃんと届くのだもの。乳幼児を胸に抱きながら、このシステムに、どれだけ助けられたか、わからない……サンキュー、アマゾン……。

出産前に、いろいろなリサーチの末に準備していた品々は、7割使えて、3割はいらなかった、というところだろうかしら。

たとえば、母乳パッド、おしっこシートは、結果的に使わなかった。おしりふきもしばらくは電気で温めてお水をお湯にしてコットンを浸す、Ｃｏｍｂｉのものを使っていたけど、真夏だったし、すぐに、アカチャンホンポの「水99%」っていうシートにかえた。暑くて外出する気になんかならないし、ぴったりくっつくのはあまりにも暑そうだし、けっきょくエルゴ（抱っこひも）も、使わずじまい。買う時期、ちょっと早かったのかも（でもこれはあとからちゃんと使うからよいのだけど）。

哺乳瓶も、むずかしかった。オニが生まれてくるまえに、デザインと箱に書かれていた特徴をふむふむと読んで何本かまとめ買いしたけれど、産院で使っていた桶谷式哺乳瓶のほうが洗うのも使うのも勝手がよくって、けっきょく総入れかえというあんばいに。

やっぱり、生まれてみないとわからないことばっかりで、買い足さねばならないものが圧倒的に多かったような気がする。

生むまえは、肌着になぜ短いのと長いものの2種類があるのかいまいちわからなかったのだけれど、使っていくうちに重ねて使うんだなってことがわかり、お風呂あがりとか、汗のかき具合をみて、体温調節するのに便利なんだってことを知って重宝した。

スキンケア&体を洗うのは、エルバオーガニックスのもの。ボトル式のを買っていたけど、沐浴のときはやっぱりポンプ式が便利なんだよね。

足がちょっと伸びてきて、肌着をやめてからは、下半身、ズボン的なものをどうすればいいのか見当がつかなくて、おろおろした。毎日、つねに、下着を検索する日々。ボタンの止めかた次第で、ズボン型にも、おくるみ型にもなる「ツーウェイ・オール」という衣類があることを知って、これも何枚か購入。

外出するときに必要だった搾乳も、手動でやっていたのだけれど手首が限界になり、ミガンから「電動のものがいいよ」と教えてもらって、これも購入。メデラというメーカーのもの。使ってみると、たしかにラク……ウインウインいいながら、勝手におっぱいが溜まってゆく……なにこれまじ最高……とかいいながら、搾乳のプロにでもなった気持ちでフンフン鼻歌うたっていたのだけれども、後日これもミガンに勧められて購入した、電子レンジで消毒するCombiのやつに入れて消毒したら、水の分量と時間をまちがえてしまって、ビニールのストロー部分がみるも無残に溶けてどろどろになって消滅してしまった。ショックだった。搾乳のプロは返上して、手動の搾乳にまいもどることに。まあ、外出したときにトイレとかで搾乳しなきゃいけないから、どのみち手動が便利といえば便利なのだけれど……。

あとは、ベビーカー。

あれこれ悩んで、アップリカのスティックプラスを出産まえに購入したわたしだったけれど、いまいち使いかたを把握しきれていなかったせいで、シートをうまく倒すことができなかった。3ヶ月から使えるっていうので座らせてみても、なんか苦しそうだな……という感じ（後ろのヒモをひっぱるだけだったんだけど）。そこで、乳幼児期対応として、マキシコシの、車中ではチャイルドシートにもなるやつを、あらたに購入。その土台になるクイニーザップも購入。まるく包むタイプで、これは本当に重宝した。

あとはもう、なにを買ったのか思いだせないけれど、毎日毎日こまごましたものを、本当に、毎日毎日、ネットで買っていた。使った金額はもうわからないけれど、かなりの出費だったと思う。

そして、毎日、わからないことだらけだった。

母乳以外におさゆとか飲ませるのか？

眠っているときは、少々の汗はかいたほうがいいのか？

なんかいろいろなものをさわってなめはじめたりしてるけど、哺乳瓶って、いつまで消毒をつづけるものなの？

ミガンやさっちゃんに相談して、検索して、その場しのぎで対応するのがやっとだった。っていうか、カンカンに腫れあがる、まるでまるめた膝みたいなふたつの熱いおっぱいをみおろしていると、断乳とか卒乳とか、そういうのをこの数ヶ月後にやってのけなければならないってことが、なによりも信じられなかった。そういうの、どうやって可能なのだろう。でなくなるの？　ひとりでに？　っていうか、うわさでは、断乳したあと、やっぱり張って大変だから、手で少しずつ搾って、回数減らして、だんだん終わりにしてゆくとか、そういうものすごいことをきいたりしたけど、そんなのまったくイメージできない。このおっぱい、どうなんの。うんちとおしっこをして、おっぱいを飲んで、入浴して、泣いて眠って起きるだけのいまでさえ、わからないことだらけのてんてこまいなのに……これからさき、断乳&夜泣きに加えて、離乳食とか、病気になったりとか、もう、ほんとに、いったいどうなっちゃうんだろう。そのときも、わたし、まだ眠っていないのかなあ……。

そう思うと、暗くなった。ものすごく、暗くなった。

でもそんなとき、オニがじっとわたしの顔をみて——それは、じっとみているだけなんだけど、でもそんなオニの、まだなにも考えてはいないだろう顔をみつめている

と、

「オニも、わからないなりに、この世界に慣れるために必死なのやな。こんなところに登場させられて、オニが、いちばん、しんどいのやものな」

という、あたりまえのことが思いだされるのだった。

「が、がんばろう、オニ、いえ、がんばってください。いろいろあるけど、ここは、楽しいよ！」

オニが笑うと、なけなしのポジティブさをしぼりだすことができて、「こうしてオニのために必要なものを買ったりできるのも、仕事があるからなのだ。仕事をしているからなのだ。なにも後ろめたいことはない。がんばれおかあたん、がんばれオニ！」とか、気持ちも少しだけ明るくなって、こうしてなんとか一日一日をつみかさねていくのだった。

髪の毛、お肌、奥歯に骨盤、その他の報告

わかっていた。そんなことは、オニを生むまえから、わかっていたのよ。

だって。妊娠した女性のからだがどんなふうに変わって、どんなあんばいになるかなんて、まずは妊娠してる10ヶ月のあいだ、身をもって体験してきて、そしてそのつど、震えつづけてきたのだから、そんなことはもうわかっていたはずなのだ。

オニがおなかにいるあいだ、「まあー、人間をひとり自分のからだのなかで大きくするってのはこういうことなんですねー」と思わず他人事みたいにいってしまいそうになるほど、なにもかもが、まるっと激しく変化しつづけた。おしりは四角になって、乳首は液晶画面の色になり、肌の調子はいいけれど、しみやほくろが増えて濃くなって、体重は増加しつづけた。一食たべ終わったあとに3キロとか増えたりしたこともあったもの。

そして出産。

最初に、心底おどろいたのは、「生んでもおなかって、ひっこまない」ってことだった。

体重だって、4キロぐらいしか減ってない……けっきょくわたしは12キロぐらい増えたので、残った8キロ、いったい誰がどうしてくれるというのだろう。8キロのお肉がくっついたまま、なにかをスタートさせるっていうか、もといた場所にもどらなければならないのだろうか。っていうか、もといた場所なんて、もしかしたらもう、そんなのとっくにないのかも……。

「母乳をあげたら、あるていどは体重、減っていくよ」という定説どおり、1ヶ月が過ぎるころにはぜんぶで6キロぐらい落ちたけれど、でも妊娠まえからくらべるとまだ6キロ増の状態だった。6キロって、6キロって……頭のなかで6キロの脂肪のかたまりを想像してみると、よくわからないけど船とかくじらとかが頭に浮かんで、さらによくわからなくなった。けれどもいちばんおそろしいのは、鏡をみても、腰まわりをつかんでみても、「太ってる」ってことが、いまいちぴんとこないってことなのだよね。そう、なんか、6キロ増の姿かたち、重さ、鈍さが、デフォルトになってしまっているっていうか、あきらかになにかの基準がダメージを受けて、そのままネクストステージに突入したって感じなのだ。

妊娠まえに着ていた洋服が入らない。ワンピース類はいけるけど、ズボンになると腰のところでひっかかってまじで破けてしまいそう。そうだよな……妊娠しておなかがぐんとせりだしてきたとき、尾てい骨あたりがほんとに毎日ミシミシいって、まるまったまま冷凍されたロールイカがゆっくりひらいてくる感じで、まじで平らに変形していったものな……覚えてる、わたし、あの感覚、覚えてる……。

ネットであれこれ調べてみると、広がった骨盤は産後1ヶ月から半年ぐらいのあいだにきゅっと締める必要があるみたい。1年近い時間をかけてゆっくりひらいていったものが、数回の施術でもとにもどったりするもんかしら、しかも骨が、といまいちイメージできなかったけど、まあ、なにごともやってみないことにはわからない。ひとあしさきに生んだミガンが産後すぐに通ったという、自由が丘にある「骨盤クリニック」なるところの話をきいた。

「それで、効果のほどは」

「うーん、正直、ちょっとはやせたけど、それが骨盤矯正のおかげなのか、自然にやせたのかはわからんなあ」

って感じで」

「なるほど」

「でもま、気休め程度に行ったらいいのでは？　やらんよりはやっておいたほうが、って感じで」

そしてわたしはそのクリニックに行って5回の回数券（4万円ちょっと）を購入し、週に一度、骨盤を締めに通うことにした。施術は、「ウー締まってるぅ！」という実感こそないけれどマッサージ的にはとても気持ちよく、3児の父である院長先生に育児のこと、そして食事のこともいろいろとアドバイスしてもらった。

たとえば産後、体重を落とそうとしたら、パンと牛乳のコンビはやめておいたほうがいい、ということ。え、わたし、毎日食べてましたよ……手軽でいいけど、糖分と脂肪で、あれってけっこうたいへんな組みあわせなんだよね、それだけでも数キロ落ちるんじゃない？　ってことで、そっこうでやめ、5回を通い終えるころには、2キロ減。矯正のおかげか、パン&牛乳断ちのおかげかはわからないけれど、これで妊娠まえの体重までは4キロってところまできた。

しかし。この4キロが、どうやっても、なにをしても、これがもうぴくりとも動かないのだ。昔なら夕食の炭水化物を抜けば数日で2キロとか余裕で減ったりしていたのに、てこでも動きませんよという感じ。まるで巨大な太平洋をじいっと眺めているような、そんな感じ。これがわたしの基本形になってしまうのだろうか。

そして、肌。

妊娠中はしみやほくろが濃くなったという点をのぞけばトラブルもなく、はりとか艶方面では私史上最高（笑）のぴかぴかを誇っていたけれど、だんだんくすむようになってきた。こちらも魔法が解けた感じで、妊娠中はなにを食べてもどれだけ食べてもいっさい吹きでものなんかでなかったけれど、いつのまにか通常運転に。食欲はあるけれど、つわり明けの、「『パイの実』連続で5箱」とか「おやつに食パンを半斤」とか、そういう感じではなくなってきた。目のしたにはあいかわらずムール貝をくっつけたようなクマ。半びらきの目。けれども、大きくなっていたほくろとか、しみとかはすうっと色が薄くなって、目立たなくなってきた。あちらを立てればこちらが立たずか、フッ……とか完全にまちがったことわざを頭のなかでつぶやいていても、もう誰もつっこんでくれたりはしないのだった。

わたしは歯がとても丈夫なほうで、念入りにケアしなくても虫歯にもあまりならないし、なったとしても進行がものすごく遅い。「妊娠&出産で歯がやられてしまう」というのは定説だけれども、妊娠中にはなんの変化もみられなかった。しかし、オニを生んで1ヶ月がたったころ。寝起きにあくびをしたときに、なんか口のなかで嫌な感じがした。そしてそのすぐあとにパキッとかそういう感触があって、確かめてみると、歯だった。ええええええとわたしは絶叫し、手のひらにころんとだしたのだけれど、正しくはそれは歯のかけらで、なんにもしていないのに、口のなかから歯のかけらが転がってきたのである！　オニよ、おまえはどんだけ親からカルシウム摂《と》ってるねんな……しかし、なんでかけらやねん……それでもすぐに歯医者に行けないのが新米母の悲しいところよ。けっきょく翌々日くらいに時間をみつけて歯医者に行くと、やっぱり歯が弱くなっていて、欠けた、みたいなごくシンプルな感じだった。とほほ。

そして産後、母親を襲う最大の身体的変化といえば……これもう、なんといっても抜け毛だろう。夏でも冬でも気温もファッションも関係なく、カフェで、公園で、道端で、赤ん坊を連れてるお母さんたちに帽子を被ってる率が高いのは、頭頂にふわふわと散らかった「アホ毛」を隠しているからで、みんな必死なのである。

こんなあんばいで、「抜け毛の洗礼」については、さんざん耳にしてきたことだったけれど、しかしわたしはこれにかんしては楽観的だった。まじで余裕だった。なぜなら、わたしの毛の多さといえばお墨付きで（誰の？）、30代に入った女性の髪の、「分けめがぺたっとして気になっちゃう」とか「ハリ・コシがなくなって立ちあがりが弱々しくって困ってます」的な、よくある悩みとはこれまで無縁に生きていた。そう、わたしの髪の悩みといえば、それは「とてつもなく量が多い」、「イキがよすぎてどうにかして」とか、そっち方面だったので、産後、髪が減って、元気がなくなるくらいでちょうどいいというか、これでいよいよふつうの女性の髪の毛の感じっていうのを味わえるのんとちゃうのん……と、楽しみですらあったのだった。

しかし、1ヶ月が過ぎ、2ヶ月が過ぎても、髪の毛にまったく変化がみられない。4ヶ月目に行った美容院でも「あれ、ミエコさん、ぜんぜん髪の毛、減りませんねえ」と感心される始末。ええええ……量もがくんと減って、元気がなくなってちょっとやわらかくなって、今度こそいわゆる風になびく髪の毛っていうのを生まれてはじめて体験できると思っていたのにぃ……わたしの髪の毛はこれほどまでに強かったのか。おまえも筋金入りよの……まあ、今後もよろしくな、とあきらめかけた、ある夜のこと。産後半年ぐらいだろうか。それはとつぜんにやってきた。

そう、ごっそり抜けた。髪の毛がごっそり抜けたんだよね……いつものようにお風呂に入って髪を濡らしてシャンプーを泡だてはじめたら、なんか手のひらに慣れない感覚がひろがって、なにこれ……わたしの手のひら、なにかをつかんでいるみたい。目を近づけてよくみるとそれは髪の毛で、あれ、何本くらいあったのだろう。泡のなかでも、ぱっとみるだけでもそこに髪の毛が薄くうずまいているのがわかるほどで、ためしに指で髪を梳《す》いてみると、どんどん量が増えてくる。まさかの抜け毛到来だった。その日をさかいに洗髪のたびにわたしの髪は抜けつづけ、手のひらを髪の毛がしゃあっと流れていくように、マットのうえを流れてゆくのである。うっすらとした墨汁が吸いこまれていくようというような印象にはならなかったけれど、もともとの量が多かったので全体的に薄毛になったまで曲者だった癖毛も緩和されて、一本一本は確実に細くなり、そしてこれまで曲者だった癖毛も緩和されて、「もうイキがよすぎてどうにかして」って感じではなくなっていった。

わたし、髪の毛まじで抜けたんだな……と実感するのは、洗髪時に抜け毛を目視したときよりも髪を乾かした直後であって、こめかみのあたりとか、頭頂部に、抜けたあとに生えはじめた短い毛がもわもわと密集してふわあっと心細くなびいて、それがなんとも、いじらしい。禿げたおじさんが植毛した毛を愛でる気持ち、大事にする気持ちって、こんな感じではなかろうか……しかもそっちは一本一本にお金がかかっているんだよな……とか思いながら、全体として面白い髪形になっているのだよね。子どものころ夜店とかでよくみた、綿菓子の機械で綿菓子が発生する瞬間の、あのほわほわした感じっていうか……そんな産毛、髪の毛見習いみたいな新しい毛をみていると、「あ、あきらめずによくまた生えてきてくれたね」とちょっとじいんとしたりもして。産後、お母さんのからだは満身創痍《そうい》。まじで満身創痍。いっそそれをみてる夫側に、満身創痍ってタトゥー入れたいぐらい。

父とはなにか、男とはなにか

　さて、オニも順調に8ヶ月めに入り、眠るときの「おくるみ」と「ホワイトノイズ」からも卒業し、最近はヒモ状のものをわたしてやると、なにがいったい快感なのか、それをいつまでもいつまでも歯茎《はぐき》でかみつづけ、抱っこされながら眠るというあんばいに変化してきた。

　眠ったな……と最低40分はゆらしたあとで腕のなかで確認して、ベビーベッドに置くそのせつな、「お願いしますお願いします起きないでくださいお願いします」とわたしは胸のなかで早口でまじ祈りし、そのまま着地に成功すればいいけれど、だいたいは背中がちょっとでも着いた瞬間、置かれたことに気がついてふえっと泣き、またなにもかも最初からのやりなおし。やったこともない千本ノックを思いだす。ゆらしかたも適当にやってるとオニはクレームめいた声をだし、もっと本腰入れて気合いれろや的にガルッと喉をならす。かわいいけれど、たいがい、しんどい。

腰も座り、はいはいでそこらじゅうを這いまわり、手にふれるもの、あらゆるものに興味があるみたいで活発な日々。表情もいっちょまえになってきた。前髪が伸びてきたのでパッチン留めでとめることに（ゴムはちょっと誤飲がこわくて……）。しかし、重さといい、顔つきといい、半年から1歳、歩きはじめるまでのこの数ヶ月が、ひょっとしたら「赤ちゃんの黄金期」なのではないかと思う。子どもでもなく、かといって生まれたてでもなく、いちばん「赤ちゃん然」とした赤ちゃんの時期なのではないだろうか。

ところで、ここまでお読みくださったみなさまのなかには「あれ……出産編もそうだったけど、産後編になってからのあべちゃんの存在感のなさが、やばくね……？い、生きてる？」

そう思われた方も多いのではないだろうか。

ところが、あべちゃんは生きている。生きているし、仕事もしているのだけれど、妊娠の時期（とくにつわりの時期）同様、ここまであべちゃんのことまで考えている余裕がなかったというのもある。が、しかしなによりも、オニが生まれてからのあべちゃんとのやりとりをそのつどに書いていったら、これはもう育児エッセイではなく「実録！　わたしがみた恐怖のホルモン」、あるいは「産後の妻が修羅になるまで」的な手記になってしまいそうで、この章までこらえていたというのがじっさいのところだ。そう、オニが生まれてからわたしたちのあいだにはけんかというか険悪というか沈黙というかそういうのがまじでもうこれが本当にたえず、精神的にも肉体的にもしんどい日々の連鎖なのだった。

産後クライシスという言葉がありますよね。

これは出産をした女性が、激変してしまった生活に感じる現実的なしんどさにくわえて、ホルモンのバランスの崩れによる根源的&精神的な大不安、簡単にいうと全方位的に「まじ限界」という状況におかれることであって、なーんにもなくても涙がでて止まらないし、不安で体が震えるし、もうこのさきなにをどうやってのりこえていけばいいのかがわからなくなってほとんどパニックになってしまうような状態がつづくさまをいうのだけれど……。

そらそうやで。人間をおなかのなかからひとりだして、不眠不休でお世話して、おまけに家事とか仕事とかそういう日常の要素もたんまりあって、そこに赤ちゃんの生存の責任と緊張が、際限なく母親にのしかかってくるのである。お風呂だって満足に入れない。入っても「早くでなければ」といつも焦って、髪の毛は生乾き、気がつけば家のなかで駆け足だ。ゆっくり手足をのばしたことなんかない。肌の手入れどころか化粧水をはたく時間もないからおむつ替えのときにオニのおしりに使う保湿スプレーをしゃっと顔にかけておわりの毎日。10分でもいいから眠りたい——これが赤ちゃんを生んだ女性の多くの実情のような気がする。

それにくらべて、父親はどうよ。

ちょっと手伝っただけで「イクメン」とかいわれてさあ、男が「イクメン」やったら女の場合はなんて呼べばいいのですか。そんな言葉ないっちゅうねん。

わが家は経済的にもわりかんで、おたがい似た仕事をしていておなじだけ家にいるからおなじだけ育児を負担できるはずなのに、「基本的には母乳でいく」というルールができたので、夜はすべて、わたしがお世話をすることになった。

これがつらい。まじでつらい。夜は眠れないのに、翌日には仕事があるのだ。こんなの無理だ。もちろんあべちゃんはゴミだしをするし、洗濯もするし、できるときには掃除機をかけたりもする。しかし、料理はわたしである。なぜなら、あべちゃんは料理ができないからである。オニが3ヶ月めに入ったころ、

「なにか作ってくれるという気持ちはないのか」

「なにか作れないと今後困ったことにはならないか」

と直談判したことがあった。するとあべちゃんの言いぶんはこうだった。

おれは料理はできないが、ほかの家事はけっこうやっているので分量的にはおなじではないでしょうか、と。お皿も洗うし、掃除もするしゴミだしだって、あれはああみえて大変だし、できることはすべてやっているのだと。料理だって無理にしなくっていい。おれが外でお惣菜や、食べたいものをいつだってなんだってすぐに買ってくる、と。そういうのである。

しかし彼はまったく理解していない。料理というのは、そのほかの家事とまーったく異なるものなのだ。まったくぜんぜんちがうものなのだ。毎日誰かのために料理をするということは、冷蔵庫のなかになにがあるのかを把握し、買いだしの予定、週単位での献立の計画、会計管理などなどが全面的に関係していて、それがずーっと連続

するものなのよ。そのつど料理して終わり、ではないのだよ。そして、疲れ果てて料理ができないときにも、惣菜や店屋物を食べたくないことだってあるのだ。お野菜を茹でたのとか、そういうのをさっと食べたいときがあるのだ。なぜそれをわかってくれないのだろう。

それから、「おなじくらい」やってるっていう発想がそもそもおかしいとは思わないのだろうか？

こっちはおなかを切ってオニを生んでからこっち、まったく眠っていないのにくわえてホルモンの崩れで頭が半分おかしくなっているのに、おなじくらいって、それはいったいどうなんだろう。こっちは1年近くもおなかで人間を大きくして、切腹して、生んで、そして不眠不休で世話をして、いまもこんな状態で仕事までしてるのやから、ほかのことはぜんぶ、ぜんぶ男（あべちゃん）がするくらいで、ちょうどなんじゃないだろうか。ちがうのだろうか。わたしまちがっているのだろうか。っていうか、それ以外に、いったい男に「なにができる」というのだろう。わたしは心からそう思った。すべて、なにもかものすべてを男にむこう2年間やってもらってもまだ足りないくらいだ……わたしの産後クライシスは、このようにくる日もくる日もときに激しく爆発しつづけた。

しかし。そういうことをおなじく育児中の知りあいと話すことがあると、

「いやあ、気持ちはわかるけど……あべちゃんはまじすごいよ……ぜんぜん、やってくれてるほうだよお」

「いや、ありえないでしょ。じゅうぶんすぎるでしょ。あべちゃんみたいに協力的な男の人、みたこともきいたこともない」

「はっきりいって、求めすぎでは」

なーんてことを、ちょっと苦い顔していわれたりするのである。

「うちなんか、旦那は仕事で家にいないし帰りは遅いし、ぜんぶわたしがするしかないもんなあ……」とあきらめた顔でいうのである。

そうだよな、とわたしは思った。わたしとあべちゃんの例はまあレアケースだとして、じっさい問題、一般的には、夫が働きにでている家庭の場合はそうなるに決まってる。これは構造の問題なのだ。夫が望んでも望まなくても、平日の家事と育児は妻がやるしかそりゃなくなるよ。だって日本の就労システムがそもそもそういう仕組みになってるんだもん。

でも、それを夫が当然と受け止めるのか、そうでないかで、気持ちってぜんぜん変わってくるものだと思うのだよね。

夫が「家事&育児は家にいるやつがするものだろ」、「しかたないじゃん」という考えをいったんほぐしてむきあえば、夫婦間の雰囲気だって少しくらいよくなるはずなのだ。夫（男）の側にそういう気持ちがあれば、土日に「手伝う」って発想じゃなくて、「自分のこととしてやる」って姿勢になって、「ああ、わたしたちふたりの生活、ふたりの子育て」っていう、ふたりが共有できる当事者性がでると思うのだけれど、ちがうのだろうか。そしてそれが共有できたなら、妻のほうから「いや、あなたも平日は仕事なんだから日曜ぐらいはちょっと休んでよー」みたいな、ポジティブな応酬ができたりすると思うんだけど。

しかし。

「おれは働いているんだから（おれが稼いで、あなたは稼いでないのだから）、家と子どもはあなたの仕事だよね」的な、認識&態度をとって憚《はばか》らない男たちが、世間では大半なのだと知って、これはいったいどうしたらよいのだろう。

夫婦がともに在宅で仕事をして、家事を分担して、経済的にも独立して、いいたいことをどこまでもいえる気の強いわたしでも、そしてオニのお世話は授乳以外、すべて完璧にこなして、問題があればどこまでも話しあうことをいとわないあべちゃんという夫がいても、不満が爆発してまじで頭がおかしくなりそうなのに、そうでない女性たち、たとえば経済面では頼るしかない状態にいる専業主婦たちは、いったいどれだけのしんどさをしょいこんで、いつまで、どれくらい、がんばってゆけばいいのだろう……それを考えないわけにはゆかなかったし、そういう状況を想像するだけでしんどかった。

だいたいさ、夫が家事とか育児とかをする場合、「やってくれてる」って言いかたがあるけれど、あれっていったい、なんなんだろう。

百歩ゆずって、家事は夫が外で稼いでくる賃金と相殺してもいい。けれど育児は対等に行うべきでしょう。「育児をやってく<ruby>れ</ruby>てい<ruby>る</ruby>」「手伝ってくれている」。そういう言葉を、女性たちがなぜ思わず使ってしまうような、そんな環境になっているんだろう。

いや、そんなこと疑問に思ってみるまでもなく、こんなのたんなる社会の習慣なのだ。戦後にできあがったなんとなーくの常識が、連鎖しているだけなのだ。

もちろん、その常識から派生したあれこれは、女性自身の意識にもけっこう強く根づいていて、「そこは、はっきり、敏感に仕分けしていくで」とかつての蓮舫議員ばりに意識していたわたしでさえ、「母親的役割」をしらずしらずのうちになぞっていて、そういった「思いこみ全般」に突きうごかされていることに気がついて、呆然としたことがあるのだもの。

たとえば、夜泣きや、おむつ替え。ふたりの赤ちゃんのはずなのに、気がつけば、「おむつを替えてもらってる」っていう意識がふつうにある。だからあべちゃんがオニのうんちとかを処理してるのが目に入ると、自然に「あ、ごめん」とか「ありがとう」みたいな言葉がでてしまうし、夜泣きのときとかも、なんかわたしがいたらないからこうなってる、みたいな感じが勝手にして、「はよ隣の部屋に行かな」とか「はよ収めな」とか「騒いでごめんね」みたいな、どういうわけか、そういうすみません的な、申し訳ないです的な気持ちになってしまうのだ。

ある日、わたしはあべちゃんにきいてみた。

「なあ、あべちゃん。わたしがオニのおむつを替えるときに『ごめんね』みたいな気持ち、持つことってある？」

「……？」

「わたしがうんちゃおしっこでおむつ替えたりしてるときよ。『あっ、すみません』とか『あ、ごめん』みたいな、そういうのってある？」

「……いや、とくにない……」


そう。ないのよ。母親が感じるこの手の「申し訳ない感」を、おそらく父親のほとんどがもたないのではなかろうか。

じゃあなぜ母親だけがこのような「すみません感」をもってしまうのかというと、やっぱり赤ちゃんと母親っていうのは良くも悪くも身体でつながっていたという事実があるからだと思うんだよね。身体的に、赤ちゃんが自分の一部だったときがあるからなんじゃないかと思う。

体もべつにある、個体としてはれっきとした他人なのに、やっぱり自分の体のなかからでてきたものだから、赤ちゃんのうんちは自分のうんちでもあり、赤ちゃんの排泄物の処理はあたかも自分の排泄の処理をしてもらってるかのような、そういう感覚がどうもあるように思えるのだな。

目もみえない、言葉ももたない、自我もない、それが生まれたての新生児だったりするとなおそうで、母親はどうも赤ん坊というものを自分の身体の延長にあるようにとらえてしまうものなのかもしれないね。その点、父親は最初から最後まで、赤ちゃんと身体的につながるということはない。妊娠&出産に身体的にかかわったといえるのは、射精のみ（そんなの、いつでもどこでもしてること）。だから、最初から最後まで、ずうっと正しく他人として存在することが可能なのだ。

でも、われわれには理性があり、言葉があるではないですか。無意識にしたがっていたものを言葉で理解できたならしめたものよ。

知らないあいだにわたしのなかにあった、その「赤ちゃんはわたしの身体の延長なの」的感覚を、意識して排除することにした。わたしだって、あべちゃんとおなじように、する。「ごめんね」も「すみません」も、金輪際、口にしないし、ぜったいに思わない。だってオニはふたりの赤ちゃんなのだから。そう決めて、実行するようにしたら、いろんなことがずいぶんらくになったように思う。

なにかが苦しかったり、悲しかったり不安だったりするとき。

なにが、なぜ、どのように苦しかったり悲しかったり不安だったりするのかを、言葉にしてみることって大事なんだなとあらためて思う。そうすることで、気づくことがたくさんある。世のなかであたりまえになっている「母親」とか「父親」とか「女」とか「男」とかっていう役割べつ概念をひとつひとつ自分なりに検証して、そしてできればふたりで話しあって、とにかく時間をかけてやりとりして、そこからできるだけ自由になること。

もちろんそれはとてもむずかしいことだけれど、でもやらないよりはずっとまし。世のなかの思いこみから解放されて、自分たちにとっていいあんばいのスタンスをみつけてゆかねば、これから十何年もつづいていくだろう育児なんかまじでやってられないと思います、男も女も。まじで。

夫婦の危機とか、夏

ひきつづき、産後クライシス中のわたし。

調子がいいときはいいのだけれど、あるときいっしゅんで気持ちも顔も、鬼になる。

これが産後クライシス……なにもかもがゆううつで、なにもかもに暗くなる。

仕事のこと、オニのこと。これからのこと、これまでのこと。考えてもしょうがないけど。やっぱり考えなきゃいけないことが無限にあって、でも、お願いだから眠りたい。いちどでいいから眠りたい。

オニを連れて公園に行っても、そこにいるお母さんたちの顔もどことなく暗く、しんどいものに思えて、なんだか、みんな笑ってるけど、すごく無理して生きているように感じてしまう。ここにいるお母さんたちの夫は勤めにでていて、帰りはうんと遅いのだろうか。きょうだいを遊ばせているお母さんもいる。年子かな……食事の用意、おむつ替え、お風呂と寝かしつけ、病院とか、いろんなこと、ひとりでどうやってやるんだろう。それにくわえて家事までこなすのだとしたら、そんなこと、毎日毎日、どうやってるんだろう。お母さんが寝こんだりしたら、いったいどうなっちゃうんだろう。誰か助けてくれるのかな……いろいろなことを想像して、つらくなって、オニと一緒にとぼとぼと帰途につく。

少しでも時間があると、いろいろなお母さんたちの日々の記録を読むようになった。ほとんどは真夜中、オニの授乳待ちのとき。みんながそれぞれの人生を生きてるんだけど、でもみんな、やっぱりよく似たしんどさに耐えていた。

女性や母親が男性や社会から植えつけられた先入観を、どれだけのながい時間、文句もいわずにあたりまえのこととして生きてきたか。これからも生きてゆかねばならないのか。そんなの、これまでだってさんざんわかっていたはずなのに、あらためてその壮絶さが頭をめぐって、怒りややるせなさで、本気で鼻血がでそうになるのだった。

それがどんな問題であっても、安易に一般化するのを避けて、本当はいつだって「個人」を基本にして考えなければならないのに、そういう真夜中をひとりきりでえんえんと過ごしていると、だんだん世のなかの「男全般」や「男性性」というものがこれ、本当に憎くなってくるのである。そして、これまで女性や母親が味わった苦渋やなめさせられてきた辛酸を、おなじように思いしらせてやりたくなってくるのである。

そして、わたしの夫であるあべちゃんも、いうまでもなく、男である。

そういったこと全般に、ほとんど無自覚でも生きてくることのできた男でもあるあべちゃんから発せられるひと言ひと言が、無神経に思えて、なにもかもが気に入らない。

そうだったよな……ああだったよな……リアルタイムのことだけでなく、生んだ直後のちょっとした会話のすみずみまでを思いだしては、とめどもなく怒りがこみあげてきたりするのだ。

「あのときは生んだばっかりで頭もからだもぼうっとしてきき流してしまったけれど、なぜ500倍ぐらいの勢いであべちゃんが息もできなくなるくらいに完膚なきまでに叩きのめす感じでいい返さなかったのだろう」とか、過去のことを思いだしてはあれこれこまごまこねくりまわして、悔しさで涙が止まらなくなったりもして、そしてそれはとどまるところを知らなかった。

これが、産後クライシス。

不調からくるすべてのネガティブさがあべちゃんをめがけて発射されつづける日々だった。

そう、どこまでが純粋な憤りで、どこまでがホルモンの崩壊がみせた悪夢なのかはわからないけれど、とにかくこの時期、ものすんごい被害妄想と、わたしなりに正当な怒りは鳴り止まず、つねにあべちゃんを睨みながら生活していたように思う。

わたしがこれだけしんどい思いをしているのに。

そして生活のなにもかもを変えたのに。

なぜあべちゃんは変わらないのだろう。体も、考えかたも、仕事することへの罪悪感もなさそうで、そして生活のこまかなことでいえば、たとえば朝の支度ひとつとってても、どうしてひげとか剃ったりできるのだろう。わたしなんてまともに歯だって磨けてないのに。数えきれないほどした話しあいやけんかのなかで、いつだったか「おれだっておれなりに、いろいろなことを犠牲にしている」とあべちゃんはいったけれど、それをよくわたしにいえたよな……と思いだしてはまた悔しくて涙がでたりした。

本当に、そんなことのくりかえしだった。

そしてくりかえすごとに、確実になにもかもが悪くなっていった。オニはいい。オニはわたしが生んだ、わたしの赤ちゃんだもの。なにがあってもオニはわたしが守るし、なにがあってもわたしが一緒に生きてゆく。しかし、あべちゃんは他人である。それなりの縁はあったかもしれないけれど、しかしれっきとした他人である。なぜ、こんな状態のわたしが大人であるあべちゃんの食べるものを作らなければならないの。わたしはあべちゃんの母親ではない。料理の代わりというのなら、掃除も洗濯もしなくていい。そんなもんぜんぶ汚れたままでいいし、気がむいたときに自分とオニのぶんはやるから、もう放っておいてほしいし、いっそどこかへ行ってほしい。体調が悪いときには暗い部屋でそんなことも思うようになっていった。

だいたい、経済的にも自立していて、夫がいなければならない理由などわたしには1ミリも存在しないのだ。もともと入籍には反対だった（入籍制度、ひいては戸籍制度に疑問があるので）。それなのに、なんでこんな思いまでして男であるあべちゃんと一緒にいなければならないのだろう。大事なことはなにひとつわかりあえない男という生きものと、なぜ一緒にいなければならないのだろう。もう男のご飯など作りたくない。顔もみたくない。そんなことばかり考えながら、木べらを握り、フライパンの中でトマトを潰し、からあげを揚げ、炊きこみご飯を盛り、魚を焼き、怒りと溜息で胸をいっぱいにしながらわたしは料理しつづけた。そう、この時期は、あべちゃんが、というより、男というものが本当にいやになっていたのだ。自分の体験や実感をこえて、世間一般の「男性性」にたいする嫌悪がみるみるふくらんで、それがあべちゃんという個人に逆輸入されるようなあんばいだった。

でも、ふたりにとって息のつまるような、そんな産後クライシスの日々ではあったけれど、なにかの加減で機嫌がよい日もやっぱりあって、そういうときは「あんまりため息ばっかりつくのもあかんな」「怒ってばかりもあかんな」と反省することもあった。

楽しく子育てしよう。

あべちゃんもがんばっているのだし、なるべくものごとのよい面だけを、みるようにしよう。

かけがえのない時期だもの。いい思い出、明るい思い出をたくさんつくろう。わたしはいま、ホルモンが崩壊しているだけなのだ。また、以前のような心にもどることができるはず。

調子がいい日は本気でそう思えるのだけれど、でもそれもつかのま。またすぐにわたしのなかの鬼、それもものすんごい弩級のいかつすぎる鬼がむくむくと立ちあがってきて、朝に昼に夜に、怒りの炎をごうごうと焚きあげ、あべちゃんのなにもかもが、まったくすっかりいやになってしまうのである。いい思い出や、あべちゃんのいいところなんてそんな怒りと被害妄想のまえでは風のまえの塵以下で、そういう浮き沈みじたいにも、心身は確実に疲労してゆくのであった。

「あの時期、助けてくれたのはさっちゃんだけだった」とか、「あべちゃんがわたしにいったいなにをしてくれただろう」とか。あべちゃんが女だったらよかったのに。女だったら、こんな気持ちにならずにすんだかもしれないのに。そんなことも真剣に思ったりした。

疲労困憊でぐるぐるまきになった暗い部屋のなかで考えはじめると終わりがみえず、いちばん近い距離にいるあべちゃんにその暗い気持ちのすべてがむかい、そしてどう

じに、

「なぜあべちゃんに、『オニが生まれたことで、他人は他人でも、みえとはほかの誰とも違う他人になれた』といってくれたあべちゃんに、わたしはやさしくできないのだろう。生きとし生けるものすべてに、ここにあるすべてに、なぜわたしはもっとやさしくできないのだろう……」

とか、いきなりエコ&アーシーなあんばいにもなって、なんかものすごく悲しく、またさらに暗い気持ちになってしまって、産後クライシスの被害妄想ここに極まれりってなぐあいで、とにかく、いつも、いつまでも涙が止まらないのである。

ネットで「出産　夫　いや」とか「母親　孤独」とかでひたすら検索しつづけて、もう、産後を生きる女性たちがみな驚くほど似たようなことを考えていることを知った。しかし彼女たちはそれを態度にだすこともままならない状態で、ときどきネットに書きこんだり相談したりして気晴らしをしている程度。基本的に夫のまえでは口にださず、さらには性交を強要されるというような話を読んだりして、こみあげる怒りのやり場に本気で困った。

そういう男たちをつかまえて、彼女たちのしんどさ、つらさをどうにかして完全にわからせてやりたいような気持ちになったりもした。彼女たちを覆っているしんどさ、陰鬱さは、わたしの想像以上だったのだ。そしてそんな彼女たちのしんどさとわたしのしんどさとが混ざりあって増幅されて、どんどんみわけがつかなくなっていった。

これはわたし個人のしんどさ、彼女たち個人のしんどさじゃなくて、女性の、母親のしんどさなのだ。

限界なのだ。

なぜ、父親たちは、男たちは、それに気づかないのだろう。なぜ、自分たちの問題として感じることができないのだろう。なぜ、母親とか妻とか女とかっていうのはそうやって扱ってよいものとして、男たちはそんなふうに思うのだろう。女性が助けを求めても、人間扱いしてくれと叫んでも、男性や社会にとっては、それはどこまでも「クレーム」でしかない。クレームとして処理されるだけで、問題提起にもなりはしない。この社会を作ってる男性たちの頭の中身が変わらない以上、なにも変わることなんてないのかもしれない。そう思うとまた眠れない夜がいっそう長く、終わりのないものみたいにふくらんでゆくのがみえるのだった。

そしてこれまでもわたしのまわりにいたはずの母親たちに、自分だってやさしくしてはこなかった、気づかなかった、たとえばさっちゃんが出産したとき、義妹が出産したときにそのつらさをわかってやれなかったこと、ちからになってやれなかったことを思って当時の自分が本当に情けなくなった。みんな、みんな、こんなにしんどかったんだ。こんなにつらかったんだ。わたしだって、なにも、ひとつもわかっていなかったんだ。そんなことばかりを考えて過ごす日々だった。

夜、授乳をして、横になってもまたすぐに起こされるので、頭にうかんでくることをぜんぶアイフォンに書きこんでいくようになった。あとから読むと、なにを書いてるのかほとんど意味のわからないことも多いのだけれど、でも、ひとつはっきりとわかることは、この時期、本当に孤独だったということだ。

それは、自分の味わっている痛みやしんどさを、この世界の誰ひとり、おなじようにわかってくれる人などいないという、考えてみれば当然すぎる孤独だった。おなじ経験をしたことのある人でも、わかりあえない。ましてや男で、妊娠と出産を経験しえない、何重にもかけ離れている男であるならさらにそうで、世界にたったひとりのオニを作った相手といえども——いまもそこで寝息をたてて眠っているあべちゃんにも、わかってもらえないのだ。わかってもらえるはずがないのだ。

なぜなら、他人なのだから。

それはあべちゃんを責めてもしかたのないことだ。しかたないのだ。わたしだって、人にたいしてはそのように存在することしかできないのだから。

しかたがないのに、あとからあとから涙がでてくる。

頭では、言葉では、わかっていたはずの当然のことに、人はみんな他人であるというそんなあたりまえの事実に、わたしは子どもを生んではじめて完膚なきまでに叩きのめされたような気がした。

誰のことも理解できないし、誰もわたしを理解などしてくれない。わたしのからだのしんどさを誰もわからないし、わたしも誰かのしんどさをわかることなんて、できない。

目をこすって、鼻をかんで、あべちゃんをみる。また、涙がでてくる。そして泣くのはおかしいと、何度も何度も言いきかせる。だってこんなのは当然のことで、子どもがいてもいなくても関係のない、世界のたんてきな事実なのだから。だから、こんなことは悲しいことでもなんでもない。泣かなくてもよい。自分にぶつぶつと念仏のように言いきかせて夜を過ごした。そう、みんな、おなじなのだから。

この時期にアイフォンに書いていた文章をたまに読みかえすことがある。ぜんぶ、真夜中に書いていたものだ。産後クライシスもおそらくはずいぶんましになったいま(でもまだ完全には終わってないと思う)読むと、あの日々のしんどさがいっせいによみがえってきて苦しくなる。ちなみにいちばん最後に書いてあったのはこんな文章。

「出産を経験した夫婦とは、もともと他人であったふたりが、かけがえのない唯一の他者を迎えいれて、さらに完全な他人になっていく、その過程である」

暗くてしんどくて思いだすだけでぞっとするけれど、でもやっぱ、これはひとつの真理ではあると思う。

いざ、離乳食

さて、オニもすくすくと半年を迎え、6〜7ヶ月児健診では体重は7・7キロ。身長は68・8センチ。肌荒れも、アレルギーも、発熱もなく、ここまではありがたいことに、トラブルはゼロ。

首もはっきり座って、なんだか活動範囲がふえたような気がする。

おなかをすってハイハイする、いわゆる「ずりばい」というのをすっとばして、ふつうのハイハイをするようになったオニ。腰はまだ完全には座らないけれど、オニなりにさまざまなチャレンジをしているようにはみえるのだった。うにゃうにゃと喃語《なんご》を話し、ころころと寝がえりをうち、にっこり笑う顔をみていると、「お〜お〜お〜」という、でれでれした言葉しかでてこない。「わたしの赤ちゃんだなあ、おまえは」とか「おかあたんのオニ！」「ねこねこねこねこねこねこ何匹？」とか、そういう腰のくだけた、まったく意味のない反応ばかりをしてしまう。

あべちゃんは毎日オニを抱いて風呂に入れ、夜中、仕事をするときもガウンのなかにオニを入れてくるんだままパソコンに向かい、目尻が下がるどころか、ただでさえ一重まぶたで細い目がなくなるくらいに目を細め、かわいいとしか発語しないほど、オニに夢中で面倒をよくみる。「授乳以外はできないことはない」というところまで、新米の父親としての仕あがりをみせ、寝かしつけも、予防接種も、つねにオニにかかわることを前提として生きている感じと意気ごみが伝わってくる。

そういうのをみていると、「ああ、あべちゃんがいて、やっぱりよかった……」としみじみ思ったりもして、あんまり怒ってばかりもあかんな、と反省もするのだった。

そしてあべちゃんとわたしをみつめるオニの目をみていると、オニにとっては、わたしとあべちゃんはほとんどおなじ存在であるように思え、そのオニの感覚をとおして、あべちゃんとわたしが、なんだか「おなじ」になるようなそんな不思議で奇妙な感覚を味わったりも。

まあそれはさておき、オニが、とにかくかわいい。

かわいいというより、だいすき、という感情のほうが近くて正確かもしれない。

しかし、わたしが情けないほどに感じるこの「かわいさ」とか「だいすき」は、果たして「わが子」であることと、いったいどれくらい関係があるのだろう……なんだか、そういうことを、考えずにはいられない。いまとなってはオニが「わが子ではない状態」になることは不可能なので、ちゃんと確かめることなんてできないのだけれど、しかし、この「かわいさ」の主成分は、それが「誰の赤ちゃんであるか」ってところにあるのではなく、「赤ちゃんであること自身」から発揮されるような気もするんだよね……まるさ、とか、やわらかさ、とかさ……。

しかしもちろん、それだけで済むなら人類に受難はなかったわけで。「わが子」であるということが連れてくる、「自己中心的な感情」もそこにはたしかにあるとは思う。そしてそれがあるからこそ、こんなギャグみたいな過酷な日々を連続してお世話することができるのかもしれない。自分が原因でこの世界へ登場させたことへの当然のふるまいだし、無数にいる赤ちゃんのなかでも、因果という流れでみれば、やっぱりほかの赤ちゃんたちとは存在のしかたがちがうというのも、また真なりなのだけど、でもなあ……。

そしてなんのにおいなのか……オニを抱いて鼻を近づけるとたまらなくしあわせな匂いがするのだ。おっぱいのにおいなのか、赤ちゃん独自のにおいなのか……とにかく、かげばかぐほど、自分の汚さのようなものが浄化されるんじゃないかっていうくらい、それはものすんごいいにおいで、巣鴨のとげぬき地蔵を囲んでお線香の煙を「ありがたや〜ありがたや〜」つって、一心不乱に体にこすりつける人たちの気持ちがようやくわかるような気がした。

ま、それはさておき、眠っていなくて発狂一歩手前の生活も半年以上が経過したわけで、いまも発狂寸前なのだけれど、しかしオニがそこにいるだけで、世界がうれしい。すくすくと大きくなっているのがありがたい。そして先月から、粉ミルクも飲むようになり(つまり混合)、まわりでは「離乳食はじめた〜」という話もちらほらきくようになってきたのだけれど、そう、離乳食。これが、なかなかはじめられずにいるわたしなのだった。

というのも、ひとつは「離乳食は、遅ければ遅いほどよい」というのをどこかで読んだせいもある。しかし、いちばんの理由は、母乳とミルクでいけるのならできるだけそれでお願いしたい……なぜなら、いったん離乳食をはじめてしまったらもう後もどりはできないわけで、できるだけ猶予を生きていたいというか、まあ面倒はできるだけひきのばしたいという、わたしのどうしようもない性格が原因ではあるのだった。

三種混合の予防接種と3〜4ヶ月児健診を受けたときにあった説明会にでたときも

思ったんだけれど、単純にいって、むずかしい。

おかゆさん、あとは栄養のある野菜や根菜をゆでてすりつぶす……そういうのって頭では理解できるけれど、じっさいやるとなると（そしてそれを最初の1ヶ月はお昼に1回、そして慣れたら夜との2回……そしたら最後、もう、もどれない）、大人の調理もあるわけで、これがけっこうたいへんなことばっかりだ。

思えば、おかゆさんだって、ちゃんとした作りかたを知らないわたしだった。

お米から作るのか、白飯から作るのかでもあんばいがちがうし。味もちがうっていうし。検索して作っても、芯が残ったりムラがでたりして、恥ずかしながら最初は何度か失敗した。

白飯に水を入れて電子レンジで加熱するだけでかんたんにおかゆさんができる道具などにも出会って試したりしたけれど、試行錯誤のすえ、やっぱり地道にお鍋で多めにつくって、それを冷凍保存しておく、というのがしっくりくるという結果に。

おかずは、かぼちゃをゆでで、ほうれん草をゆでで、にんじんとか、そういうタンパク質ではない、アレルギーの心配のないのをすりつぶして、ペースト状に。毎日のことだからブレンダーを買ったほうがよいのかどうか迷ったけれど、この毎日というのがネックで、けっきょく器具というのは洗うのが面倒だろうし、たぶんすぐに使わなくなるだろうと想像して、陶器のすり鉢と、目のこまかい茶こしでのりきることにして、これでまったく問題なかった。

最初はネットで離乳食のメニューを載せてくれている人のサイトを参考にして、分量とか、作りかたとかをうんうん唸りながら頭に叩きこんでいったのだけど、しかしその人があまりにきちんとしすぎているために追っていくうちに挫折して、1冊だけ、誰でも読めるような大きな文字の離乳食の本（『最新版　ステップアップ離乳食』学習研究社）を買うことに。

でも、これがけっこうな落とし穴で、わたしが離乳食を開始したのがちょっと遅めの7ヶ月からなんだけど、離乳食の本って5ヶ月めから開始のスケジュールで編んでいるのが多いんだよね。だから、頭のなかでいつもプラス2ヶ月の計算をして、そしていったいどこで追いつけばいいのか、やりながらわからなくなって困ることが多かった。

しかし本はありがたく、料理が苦手なわたしでもなんとかひととおりのものは作れるように。

ペースト状が終わったら、ちょっとだけかたちを残してゆでた野菜、おかゆは七分、五分と水の量を少なくして、調整していった。さらに進んで、小麦粉と納豆を混ぜて、フライパンに薄く伸ばしてクレープみたいに焼いた「おやき」というのが、オニの鉄板メニューになった。いまから思うと、よくもまあこんなに面倒くさいことが毎日毎日できたよなと信じられないけれど、わたしがやらねばオニが生きてゆけないので、気がついたらできていた、というのが実感なのよね。それからもちろん、ベビーフードも数えきれないくらい、使いました。りんごのジュレとか、おじやとか、スープとか、本当に助けられたなあ。というか、いつも3割くらいは頼りきっていたようなものかもしれない。

あらためて、痛感したのは、いい意味での適当さ。

「離乳食が今後の人生の舌を決める」とか「アレルギーはこの時期で決まる」とか、そういう「とりかえしつかない系」の感じのプレッシャーって、母親にたいして、それはもう山のようにある。

わたしも「1回きりのあれこれ系プレッシャー」には、まじで弱いところがあるけれど、でも、気合を入れて、「正解はない」と思いこむことにした。

どの時期にも、ぜったいに回避しないといけないことはあるけれど、命にかかわらなければ、つねにぎりぎりの気持ちになる必要はないのだと。喉にものをつまらせないように、どこかから落ちたりしないように、目を離さない。これだけを必須のこととして、あとは正解はないのだから、ということで、精神的にマイルドにやっていかなければ、なにもかもが不幸になると思ったのだった。

しかし、これは逆からいえば、このようにわざわざ言葉にして思いこまなければならないほど、母親は、こうしたプレッシャーにつねに圧迫されているという事実である。

そう、出産どころか妊娠したその瞬間から、これらは母親がさらされている圧倒的なプレッシャーであり、自分の体の限界さ&しんどさはもう大前提として、「一分一秒、命をあずかっている」ということの、この、はかりしれない緊張感と責任感。そら孤独すぎてウツにもなるわ。なにがあっても、なにもなくても、けっきょく問われるのは母親なのだ。これを性差別といわずしてなんといえばよいのかわからないけれど、もちろんすばらしい例外もあるだろうけれど（あってほしい）、とにかく、いまの日本においての子どもにかんする責任の所在はだいたい、こんなあんばいなのだ。

必死に、あるいは適当につくった離乳食を、オニはいつも残さず口に入れて、順調に飲みこんでくれた。ネットで検索すると、食べてくれない、どうしよう、という悩みもとても多かったけれど、オニは好ききらいのようなものもなく、口に入ってくるものは機嫌よく飲みくだし、ここでも手がかからなかった。離乳食のあとは粉ミルク

(「ほほえみらくらくキューブ」にお世話になった)にして、朝と夕方、そして眠るまえは粉ミルク、夜中に母乳という段取りになっていった。

そういえばオニは生まれてから5ヶ月くらいまでは完全母乳で、しかも搾乳してそれを飲ませる、というのはけっきょくほとんどせずだったので、感触を忘れてしまったのか、最初は哺乳瓶&ミルクを受けつけなくて大変に困った。

講演のために外出していたある日のこと。もうそろそろ終わるか、というときに、あべちゃんから電話がかかってきて「オニがっ！　どうしてもミルクを飲みません！　哺乳瓶を受けつけません！　もう水分、けっこう長くとっていません！　すみません、帰ってきてくださーい！」ということで神保町からタクシーで猛ダッシュで帰ったのだけれど、

「どうしよう、オニが脱水症状になったら」

「どうしよう、オニがひからびたら」

「どうしよう、喉がかわきすぎて、オニが死んだら」

と、いま思うと「心配しすぎやがな。喉かわいたら、なんでも飲むがな」と笑える

のだけれど、しかしあのときはまじで生きた心地がしなかった。

けっきょくその日はたくさんおっぱいをあげて、こんなことがあるとやっぱり困るよなということで、翌日から機会をみつけて哺乳瓶レッスンをすることに。さっちゃんにきくと、「いま使ってるのって新生児用の乳首なんちゃう？　飲みにくいんかも」とのことだったので調べてみると、まさにそうだった。おっぱい一辺倒で、哺乳瓶をずっと使ってなかったから、そのままになっていたのだ。そしてさっそくオニの成長にあった大きいサイズの乳首にかえてやると出がよかったのか、何度か試すうちに、するすると飲むように。これでまんがいち、わたしがそばにいられなくても、「ほほえみらくらくキューブ」と哺乳瓶さえあればオニはどこでも生きてゆける。からだを大きくすることができる。そう思うとほっとするのだけれど、しかしちょっとだけ淋しいような、そんな気持ちもするのだった。

はじめての病気

オニもそろそろ9ヶ月。

つかまり立ちをしてよろよろと足をまえにだして、自分の気持ちで移動できることが楽しそう。離乳食も順調に進み、嫌がる食べものもないのでとっても助かる。野菜を圧力鍋で煮つめただけの味つけなしの「野菜汁」みたいな、そんなの誰が飲むんだろう……みたいなのを好んで飲むので、「せ、世界にはもっとおいしいものがあるからな……はやく大きくなれよ」みたいな、なんとも複雑な気持ちにもなるのだった。

わたしはまったく気にしてなかったのだけれど、このごろ、会う人会う人に「まあスマートね」とか「顔がちっちゃいわねえ」とか、言われるようになった。

それって、ちょっと小さいってことなのかなあ……。

乳幼児の発育にかんしての鉄則は、「誰ともくらべてはいけない」というものであって、わたし自身、よおくわかっていたはずなのに、いわれてみると、たしかに少し、どことなく、気になってくるものなのである。

たとえばベビーカーに乗せていて通りすがりのご婦人に、「あらかわいいわね、7、8ヶ月くらい？」とか声をかけられると「あ、もう9ヶ月なのに……」と、たいしたちがいもないのに、ところかまわず傷ついてしまうのである。「くらべちゃだめだ」と意識しないではいられない程度には、やっぱくらべてしまうものなのかしらん。

しかしこういうのって印象だし、数値にして、2センチとか500〜800グラム程度のことなのに、一度気になってしまうとそればっかりが気になって、どうしようもなくなるというスパイラルに、わたしもみごとにはまってしまった。

小説とか書いて既存の価値観にゆさぶりをかける、とかふだんもっともらしいことを言ってるくせに、この体たらくよ。自分にがっかりしつつ、さっちゃんに電話をかけて、甥っ子たちがいまのオニの月齢のときの体重をきいて、また心配に。たしかにちょっと少ないのかも……でも母乳はしっかりでてるし（そろそろやめないといけないけど）、一日に二度、ミルクも足してるし……離乳食も順調やしな……はじめて、育児ノートに書いてあった母乳&育児相談なるところへ電話をしてみることに。体重がちょっと少ないみたいで気になっているのですが……。

「母乳とミルク、いつにどれくらい、あげてますか？」

「えっと、朝は母乳、昼は離乳食、そのあと母乳、そして夕がたにミルク、そして夜に離乳食、そして眠るまえに母乳、です」

「なるほどー。離乳食、たとえば、いま5倍粥くらいですかね、どれくらい食べていますか？」

「お粥は、そうですね、50ミリリットルとか、それくらいでしょうか……」

「あ、お母さん、もっとあげてくださって大丈夫ですっ！　100ミリリットルくらい、あげてください」

「あっ、はい（メモメモ）」

「ミルクも、もっとあげていいですねー。朝起きてすぐと、夕がたと、眠るまえにもたっぷりあげてくださっていいですよー」

「いままで、ちょっと少なかったのでしょうか……」

「そうですね、ひょっとしたら母乳も少なくなってきてるのかもですねー、でも体重、そんなに少ないってことはないので、あんまりお気になさらずに！」

相談室からいただいたアドバイスにくわえて、ミガンがそうしているということで夜中にも1本、ミルクをいれることに。

それをしばらくつづけると、みためはあまりかわらないのになんだかずっしり重くなってきたような。離乳食も、ミルクも、それまでの延長で「だいたいこんなものかな」というソフトな思いこみでやってきていたので、やっぱりときどきは確認も大事やなーと反省した。体重を量ると着実に増えており、しばらくこのあんばいでゆくことに。

それにしても、最近よくきくのが、はじめての病気である。

母乳信仰があり、母乳で育てていることに自信がある人ほど「うちは母乳なので、病気はしません」とおっしゃるかたもおおいのだけれど、母乳の効力はだいたい半年くらいで終わってしまって免疫もなくなってしまうので、1歳が近づくにつれていろんな病気にかかりやすくなってくる。きょうだいがいるところや、早くから保育園に通ってる赤ちゃんなんかはわりにはやくかかるのじゃないだろうか。熱をだして、体がそのウイルスをデータとして蓄積して、そして強い体をつくりあげてゆく。うう、試練だのう。

オニが半年くらいのころから、しかしわたしは本当に恐れていた。なにを。いつかくるであろう、オニの発熱である。

単なる風邪とかもあるだろうけれど、洗礼的というか、乳幼児にとってもっともポピュラーな発熱といえば、「突発性発疹《ほっしん》」。

オニを生むまできいたこともなかったけれど、とにかくとつぜんまえぶれもなく「カーン」と高熱がでて、それが三日三晩つづいたあと、全身にぽつぽつと赤い発疹がでる、という伝説の病気なのだった。

さっちゃんからも、知りあいからも、そしてミガンからも、「突発性発疹」の体験についてはさんざんきかされていた。そのたびに頭のなかで救急病院への連絡&段取りをシミュレーションしたけれど、本番、うまくやってのけることができるのか、不安はまったくぬぐえなかった。そしてなによりも、「そんな、ものごっつい恐ろしいことが、こんな、こんな小さなオニの身に起きるなんて……」と心の底から震える気持ちでいたのだった。

だいたい、熱がでるって、どんな感じなんだろう。

熱いとかしんどいとかいえないわけだし、わたしがそれに気がつかないままぐったりとなって大変なことになってしまう、とかないのだろうかとミガンにいうと、

「いや、わかるもなにも、あっつあっつになるから、さわるだけですぐわかる」

「え、どれくらい熱くなるん」

「え、ひくくらい」

「まじか」

「まじや」

「そ、それでミガン、はじめてのとき、どうしたん……」

「え、最初はそらびびったよ。いきなりやし……でももう、何回か熱だしてるしなあ。こないだはアデノウイルスで5日間とか？　そっちもひどかったし、最初の感じ、忘れてもうたわ」

「ア、アデノ？……っていうか、5日間って、なにが……」

「高熱が」

「そ、そうか」

　突発性発疹はひとそれぞれであるらしく、熱に敏感な子は痙攣《けいれん》して親としてはパニックになるらしいのだが、基本的にはお薬はないので、あわてすぎるのもよくないのだけれど、でもその発熱がインフルエンザなのか突発性発疹なのか、はたまたほかの病気の症状なのか、そんなのあとになってみないとわからないのだから、やっぱり熱がでた時点で親としてはあわてるほかないような気もするし。

　とにかくオニが半年を過ぎたころから心の準備にいそしんできたわけだけれど、不安はいやますばかり。オニ、じつは奇跡的に一生発熱しない赤ちゃんだった！　みたいなことってないかなあ……ないよな。発熱とはウイルスとの戦い、そしてこれはそのまま人類の生存闘争の歴史でもあるのだ。とにかく、このまだ小さなオニが高熱でふうふううかされ、場合によってはがくがくと痙攣までする悪夢のような日がいつか必ずやってくるのだから、わたしとしては腹をくくらねばならない。ネットでベビー用のアイスノン×2、わきにはさむキット&保冷剤×6、背中に敷く保冷剤、ベビー用のポカリスエット、などなどを念のため購入して冷凍庫&冷蔵庫に保管することにした。

そしてその日は、もちろん急にやってきた。

お風呂に入って体をふいていると、なんだかお湯であったまったのとは違う感じの熱さがずっととれないのに気がついた。あれ……とおでこやわきをさわっていると、もう、欽ちゃんの仮装大賞のあのブ、ブブブブっていいながら増えていく得点表みたいに、もうこれ、熱がブ、ブブブブブブブブってな感じであがってくるのが目にみえるように体があっつあつ！ になってきたのである。あべちゃあああん、熱や、オニがいよいよ熱に、熱があるオニが熱、とあわてふためきながらあべちゃんを呼び、この時点でわたしは完全にほぼパニックに。オニー‼ と叫びながらオニに下着を着せてベッドに寝かせ、わたしは髪の毛も濡れたまま、とにかくセーターを着てジーパンをはいて携帯電話から近くの小児科へ電話。この時点で夜の7時半くらい。あたりまえだけど先生は冷静で、わたしが一方的にいろいろ話し、質問し、あわてふためいた結果、

「うーん、とりあえず明日まで様子みても、いい気がします」

そ、そやかて……パニックは落ちついてきたけれど、がぜん弱気なわたしはうろたえていた。熱は、39度を超える勢い。もう、生きた心地がしなかった。どのように抱いてやり、どのように眠らせてやるのがオニにとってらくなのかがわからない。とにかくこの日のためにがんがんに冷やしておいた保冷剤をもってきてタオルやキットにくるんで足のつけねやわきにあて、ベビーポカリを哺乳瓶に入れて枕もとに。抱いてやると安心するのかおだやかだけど、でもくっついているせいで熱いのか、苦しそうでもある。保冷剤はすぐにぬるくだるくなり、あべちゃんがこまめに台所へあがって素早く交換。翌日に備えてあべちゃんはリビングで仮眠をとることにして、わたしが抱っこで夜を越すことに。まだまだ熱い。っていうか、これが数日つづくとかって、大丈夫なのだろうか、おたがいに……。

途中でうかされたように起きても、ベビーポカリを飲まないオニ。飲みたくない人になにかを飲ませるのって無理なんだな……とかあらためて思いつつ、ゆっくりゆっくりと夜があけ、悪夢のようにどろりとした時間が、朝の光に覆われていった。そしてちょっとうとうとしかけたそのとき、うきゃ、とかいうオニの声ではっとすると、なんか、めっさ調子いい感じの顔をしてわたしを眺めているではありませんか。反射的に首に手をあててみると……つい数時間まえの超あつあつのほかほかが嘘だったみたいに、けろっとしているのである。

いったいこの発熱ってなんだったのだろう……そこからはもうじつにふつうにむしろ絶好調な感じで、発疹もなにもでず、なのだった。

翌日、いちおう病院に行ったのだけれど、こちらでもとくに原因はわからず。わたしがおそれていた突発性発疹ではなかったのだけれども、1歳になる少しまえにばっちりかかって赤いプップツまみれになったのだけれど（そして1歳を越えてからの病気の連続……大人にも容赦なく感染して、まるまる1ヶ月以上、野戦病院みたいになりましたぜ）、しかしそのときは2回めってことで、熱にたいしてこちらも免疫ができたのか、気持ちもどこか慣れていて、最初のときほどパニックには陥らずに済んだのだった。なにごとも経験とは、なかなかどうして本当のことだね。習うより慣れろも、まあ、本当だったね。しかしはじめての病気の夜、あれは本当に長い夜だったよ。

仕事か育児か、あらゆるところに罪悪感が

泣いてもしょうがないのだけれど、自分の考えに自信がもてず、なにかがまるっと間違っているのじゃなかろうかと、そう思ってまただらだらと泣いてしまう。オニが生まれてから、オニに会えたことがなによりもうれしくて、笑った顔をみるのがこう書いちゃうとあほみたいだけれど生きがいみたいになっちゃって、そして味わったことのないしあわせを感じてきたけれど、でも、やっぱおなじくらい泣いているような気もたしかにする。浮き沈みじたいがしんどいし、自分にも疲れてしまうし、なにより泣いてもしょうがないので、もういいかげんに泣くのとかやめたいのだけれど、この日の原因は、朝、かかってきた一本の電話だった。そう、それは保育園からの電話だった。4月から、空きがでましたよーという電話だった。

オニが3ヶ月のころから、わが家では多い時には月に20日×6時間ほどシッターさ

んに来てもらって、それで仕事や家事をのりこえてきたのだけれど、もちろん当初は、「保育園」についてもあれこれ調べて考えていた時期もあった。けれども、願書をだしたりアクションを起こすまえから保育園に入るむずかしさについては耳にしていたので、いわゆる公立＝認可の保育園は、「入れるわけ、ないよな」と、最初からなんとなくあきらめていたのだった。

祖父母が近くに住んでいないという点では点数的に有利なのかもしれないけれど、共働きとはいえ夫婦ともに在宅勤務だし。念のため、一度だけ区役所に行って説明を受けたけれど、「われわれには、無理」というムードがたちこめ、だいたい夫婦でそろって区役所に来ることができている時点で「余裕あるよね」的な視線も痛く、なんとなーく場ちがいな感じもして、ひととおりの書類をもらうだけもらって、とぼとぼと帰途についたのだった。

そして今日鳴った一本の電話。

わたしはうっかり忘れていた。

なにを忘れていたかというと、オニが生まれて4ヶ月が過ぎた初秋ころ、近所を散歩しているときにみつけた私立=認証の保育園に、ダメ元で申し込みだけをしておいたのだ。

その時点で、受けつけはしますけど、もうたくさんの申し込みがあってまず無理ですよ的な感じだったので、こちらとしてもすっかり忘れてしまっていたのだけれど、なんと4月から空きがでましたという連絡がきたものだから、たいへんなことになってしまった（わたしが）。

というのも。

わたしは育休めいたものをとっていないので、オニが生まれてからずうっと、ということになるけれど、まだこんなに小さなオニがいるのに仕事をつづけていることが、果たして本当に正しいことなのかどうかが、わからなかったのだ。なにをいってんの、そんなことで悩めることじたいが、余裕のある証拠だぜ、と自分でも思ったし、だからこそ、オニをシッターさんに預けてまで仕事をしなければならない理由みたいなものが、自分でもよくわからなかったのだ。わからないくせに、仕事をつづけてきたのだった。

オニと、それはもう本当にしあわせとしかいいようのない、なんでもない時間をゆっくりと過ごす。本当にしあわせで、こんなしあわせってあったのかと驚きながら、本当にしあわせだなあとため息をつく。でも、少しすると「いま、このときにしかできない仕事があるのじゃないか、いちばんがんばらないといけない時期なのに」と思って、焦って、じっとしていられなくなる。本が読めていないこと、小説が書けていないことが、急に恐ろしくなってくる。そして時間をみつけてパソコンにむかって仕事をしていると、だんだん「二度とはめぐってこないオニのこんな大切な時期に、わたしはなぜ仕事などしているのだろう。オニはあっというまに大きくなって、そしてすぐにいなくなってしまうのに」と罪悪感で苦しくなって、身動きがとれなくなってしまうのだ。

オニが生まれてから、もうずっと、そんな堂々巡りの日々。子どもを生むまえは「うしし、岡本かの子&太郎よろしく、柱にくくりつけて、めさめさ仕事したるでえ!」とか思っていたのに……柱どころか、も、自分自身にがっかりなのだった。

じゃあさ、わたしはいったいどうしたいのか。

何度自分に問いかけたことだろう。で、むちゃくちゃなことをいわせてもらえば、

「24時間仕事をして、そして24時間子育てしたい」、つまり、両方を完璧にやりたいっていうのが嘘偽りのない願いなのだったけれど、そんなの、人間である限り無理。そもそも無理。アホらしやの鐘がごーんと鳴って落ちてくるくらいにそんなことはまったくもってアホらしいほど無理なので、またもやくよくよしながら、仕事と育児にむかってゆくしかないのだけれど、これもこれで、くりかえしていると独特のダメージがあって、けっこう心身にこたえるものなのだった。

仕事に後ろ髪をひかれながら、そして仕事をしながら、今後、体力がどばどばとみなぎってくるだろうオニが満足するまで遊んでやれるのだろうか。

3年間、シッターさんをお願いしたとして幼稚園に行く時期になったら仕事はどうしたらよいのだろう。

わたしか、あべちゃんが休業せざるをえないのではないだろうか。

不安だらけだった。そしてなぜわたしはそもそも仕事を中心にしてものを考えているのだろう。当面はこれまでがんばってきた貯金で生活して、オニのために、オニだけのためにこの数年間を生きるのが、まっとうな選択肢なのじゃないのだろうか。二度と帰ってこないオニの、かけがえのないわたしたちの数年間なのだ。そして、そう、知りあいに少しこの話をしたとき、「いくらなんでも1歳になってもないうちから、保育園は早すぎるよお」とか「ええ〜、オニちゃんがかわいそう」とか、「3歳まではは母親といなきゃいけないんだよ?」とか、そんなふうに反応された内容が増幅されて甦ってきたりもして、また涙がでてしまう……っていうか、あべちゃんはどう考えているのだろう……よくわからないけれど、ふつうにこつこつ仕事している。く、苦しくないのだろうか。男っていうか父親にとって、もしかすると仕事をするのはあたりまえのことであって、女とか母親が育児と仕事に感じる罪悪感みたいなのが、そもそもないような、なんか、そんな感じもする。悩んでいるのかもしれないけれど、でも相談されたこともないしな……。

保育園から連絡がきたのがちょうどそんな思いが地味に炸裂していたころだった。ああ、どうしたらよいのだろう。このチャンスを逃せば、オニはもう保育園には入れない。シッターさんと、そして仕事がしたくてたまらなくてウズウズしてるインドアな母親と、おそらくは運動量の少ない日々が待っているのだ。

いっぽう、保育園に行ったなら。

たとえばミガンは息子を4ヶ月の頃から保育園にあずけているけれど、ミガンの本当にすばらしいなと思えるところは、ここにかんして一点の曇りもなく、日々いきいきと仕事をしていることだった。

「どの母親も、迷いながらあずけてるものよ……」という慰めがミガンにはいっさいなく、「だってさ、音楽もあって、楽しくて、わたしとふたりきりで家にいるより、息子にとってぜったいにハッピー」と信じていて迷いがない。そして一生懸命に働いている。いっぽうのわたしは……くよくよさめざめ自分のために泣いてばかりで恥ずかしかった。というよりは、さむかった。じゃあ、思いきって、オニを保育園にあずけるか！　とテンション高めに想像してみても、やっぱりそうじゃないんじゃないかという気持ちがぬぐえない。オニのかけがえのない3年間……すべての「はじめて」を目撃したい……ぜんぶのときを、一緒に過ごしたい……そういうどこかできいたような「母の思い」がわたしの胸のなかでも恥ずかしいほどに盛りあがり、さらにはそんな、「母の思い」を正当化するかのように、「保育園を切実に望んでいるお母さんがいるのかもしれない。こんなふうに悩む余裕のあるわたしなんて、保育園にあずける資格なんて、ないのかもしれない……本当に必要としているお母さんのために、わたしはオニをあずけてはならないのかもしれない……」的なわけのわからん言いわけまでもが起動する始末で、いまから思うとこの時期、本当に眠れていなくて、気持ちも頭もずいぶん疲れていたんだな……と思うしかないような、そんなあんばいだった。

で、さんざん悩み、迷ったあげく、保育園に返事をださなければならない日がやってきた。「あなたにはわたしのこのつらい気持ちなど理解できるわけがない、だって日々ふつうに仕事をしてるじゃないか」とあべちゃんに八つ当たりを炸裂させつつ、何度も話しあった結果、とりあえずお世話になろう、ということになった。そして、みえがどうしても納得がゆかず、やっぱり自分たちで面倒をみる、ということになったら、それはそのとき考えよう、と。そして手続きを済ませるために抱っこひもに入れたオニとふたり保育園に（あべちゃんは仕事だった）。わたしと離れて、オニはやっていけるんだろうか。淋しい思いをしないだろうか。淋しくても、こわくっても、思うことがあっても、オニはまだ話せないのにな。わたし、まちがってるのかな。保育園のみなさんはとても親切だったけれど、ずうっと暗い気持ちのままだった。無理だったらやめよう、無理だったら、無理することない。無理だったら、しばらく仕事やめよう。ちょっとでもオニがだめそうだったら、もう仕事やめよう。そういいきかせながら家への道を歩いた。登録を済ませて、オニは4月から（生後11ヶ月）登園することになった。

で、結論からいうと――。

なーにがあんなに悲しくて不安だったのか。1ヶ月もすぎてしまえば、もう、なんにも、ひとつも、思いだせなくなっていた（最初はそれなりにつらかったけれど）。「子どもは生まれてから3年間、母親と一緒じゃなきゃとりかえしのつかないことになる」的な3歳児神話。「母親ならばすべてを目撃しなければならない」的強迫観念。なにがあんなにしんどかったのだろう……気づけば、どこからか知らないあいだに輸入していた「母なる思い」は鳴りをひそめ、ほとんど思いだせないゲンキンなわたしがいるのだった。

もちろん考えかたはさまざまで、あとにならないとわからないこともあるだろうけれど、人生は変数×変数。「こうしたから、こうなる」ということはまずないのであって、つまり、現在の選択が将来にどのような影響を及ぼすのかについてこまかく心配していても、きっとしょうがないのである。

最初から泣きもせず、機嫌よく保育園に通うようになったオニ。

わたしはそのあいだふつうに仕事をし、こう、心身ともにメリハリもできて、万事が快調なんである。栄養バランスの考えられたお昼ごはん、お遊戯、午後食、たくさんのおもちゃとおともだちと音楽……お迎えにゆくたびに、心なしかオニの顔がしっかりしてくるようなのである。オニが保育園に行ってるのだから、この時間、まじでめちゃくちゃがんばらねば、ということで仕事にもカッと集中できるようになり、カッと集中していると雑念みたいなものの入る余地がなくなり、けっか罪悪感もほとんど覚えなくなって、いいことずくめだったような気がする。いいことずくめすぎて今度はそっちに罪悪感がこみあげてきそうになったけれど、とにかくこれで一日のなかにしっかりとした時間割のようなものができたのは、とても大きなことだった。

オニの時間、そしてあべちゃんにも、わたしにも、ひとりの時間ができ、みっつがあわさる時間ができ、それぞれを大事にする余裕みたいなのが感じられるようになり、ほんの少しだけれど、気持ちがらくになった。あのとき、保育園にお願いしてよかったと、心から思う。最初は離れるのがつらくて、ドアや柵のすきまからずうっとオニをみてたけど。初日は悲しくてそわそわしてなにも手につかなかったけど。なんでも考えすぎず、自分の偏った想像力を信用しすぎず、ときには流れにまかせて選択するということが、思いがけない結果をくれることを、はじめて知ったような気がする。

そして、それとどうじに、基本的には保育園にあずけることができない専業主婦のお母さん、お父さんたちのしんどさを思う。外の仕事をしていなくても、彼らは一日たりとも休むことなく家のなかの仕事をしている。それはいうまでもなく、ものすごい重労働なのだ。安心して子どもをあずけて、少しでも休める時間、自分のために使える時間がとれるような、そんな仕組みになればいいのにと心から思う。

……グッバイおっぱい……

オニを生むまえから恐れていたことは無数にあるけれど、生んでからさらに恐ろしくなったのは断乳にまつわるなんやかやで、いつかくるであろうその日のことを思うと、いつだって、ものすごく元気がなくなっていた。

だってさ、乳首にからしを塗るとかさ、断末魔の赤んぼうの頭をつかんでひきはがすとかさ、母子で泣き叫んでのりこえるとかさ……ものすごくたいへんだっていうじゃないですか。とはいえ、生むまえに想像していたたいへんさは、おもに赤ちゃん側に起きるであろうたいへんさだったけど、生んでから授乳というものを経験したけっか、本当にたいへんなのは、母の側、つまり、おっぱいがこれ、もうとりかえしのつかないことになってしまうのではないかという心配だけがふくれあがり、わたしはそれにおびえているのだった。

授乳を開始したおっぱいというのは、そのまんま3時間がリミットの時限爆弾で、最低でも3時間ごとに授乳しないと、おっぱいがカンカンになって鉄球のようになり、張って張って、痛くて、熱をもって、もうどうしようもなくなるのはもうみなさんご存知のとおり。飲ませるといい感じにやわらかくなって、みため的にも手ざわり的にもまだ馴染みのあるおっぱいになるけれど（それでもありえないほど巨乳だけれど）、しかしまた3時間経てばカンカン&それのくりかえし。授乳をはじめたばかりのころ、「卒乳とか断乳とかいうけどさ……いったいどうやってこの授乳のサイクルを抜けだせっていうのだろう……」と、真剣に、これもうまじで本気で疑問に思ったものよ。とめどもなくあふれてくるこの母乳から、1分ごとにもりもりもりもり張りつづけてくるこの乳房から、いったいどうやって解脱すればいいのだろう……っていうか、断乳（いまは卒乳ともいいますけれど）したあと、この時限爆弾を抱えたわたしとおっぱいって、いったいどうなるんだろう……乳腺炎で手術したりっていう展開もふつうにあるよな、うみみたいになって、石みたいになって、熱とかものすごくでるんやろうな……考えるだけで、口を半分ひらいたまま白目になってわたしが化石になりそうだった。

オニもそろそろ10ヶ月。

離乳食も順調。必要に応じてミルクも飲むし、歯だって小さいのがいくつか生えてきたし、このあいだだって思いきり嚙まれて目から火花&耳から叫び声が散りそうだった。そろそろ断乳の時期なのかもしれん……。

断乳の時期については、ちょっと調べてみるだけで、そらもう様々な考えかたと実践があり、要するに、いつだっていいのだな、という結論に達した。3歳で飲んでる子もいるし、6歳まで飲んだって子もいるし、2ヶ月や半年でやめたって子もいる。そう、やめるのはいつだっていいのだ。重要なのは、「いつ、やめたいか」であって、それを決めて、行動に移すことがひと仕事のような気がする。

わたしは断乳にまつわる情報をあれこれ収集しはじめた。

さまざまなお母さんたちの断乳談……そこには涙あり、笑いあり、そしてやっぱり絶叫ありの、おっぱい騒動がもりもりにてんこもられており、そのすべてがもちろん他人事とは思えなかった。

断乳したあとは時間を決めて少量ずつ搾《しぼ》りだすとか、キャベツの葉を貼って熱をとるとか、やりかたもいちいちむずかしい。そしてやっぱり、トライしては破れ、トライしては破れのくりかえしというのが圧倒的に多かった。みんな、必死だった。必死に赤ちゃんからおっぱいをひきはなし、つぎの一歩を踏みだすのに必死だった。そして多くのお母さんたちは、やっぱりちょっと、淋しそうだった。やらなければならないとわかっているけれど、うまくはなれてほしいのだけれど、それはそれでやっぱりちょっと、淋しいのだよね。

わたしもそうだった。授乳しているときは、それはそれでたいへんなこともあるのだけれど、でも、やっぱりおっぱいというもので赤ちゃんとつながっているというのはたしかだったし、おっぱいを飲ませ、飲まされるという、世界中に無数の人間が存在しているというのに、この関係っていうのはやっぱり唯一無二のものだった。そしてそのやりとりが、この生命を直接に維持している……乳首が交通事故に遭ったみたいにたいへんになったことも、そして時限爆弾も、本当になにもかもがたいへんだったけれど、でも真夜中、しいんとした部屋のベッドのうえで、オニとふたりきりで過ごした、2時間おきとかでいつだって意識はもうろうとしていたけれど、かけがえのない日々だった。まだ腕のなかにおさまっていたオニ。ぜんぶは、本当にかけがえのない日々だった。暗闇でじっとわたしをみつめるのはいいけれど、シワとか照りとかが、なんか大仏っぽかったオニ。「エ……」という声だけで飛び起きていたわたし。大きくなれ、大きくなれといいながら指でおでこをなで、そして一生懸命おっぱいを飲みつづけたオニ。思いだすだけで、泣けてくる。

断乳を成功させるためにはいくつか方法があるみたいだけれど、最もポピュラーなものとして人気があるのは、「おっぱいをおっぱいじゃないものにしてしまう」というものだった。

なにをいってるのかわからないかもだけれど、これはつまり、おっぱいにアンパンマンとか動物とかキャラクターの顔を描いて、「おっぱいがおっぱいじゃなくなった」と赤ちゃんに認識させる方法なのらしかった。

まず、この日にやめると決めることが肝心。

そして、「これが最後のおっぱいだよ、おいしかったね、ありがとうだね」とかいいきかせながら、最後の授乳に臨む。飲み終わる。そしたらおっぱいにマジックでアンパンマンとか、うさちゃんとか、なんでもいいけどわりにくっきりしたキャラクターみたいなものを描いて、それをみせる。そして、「あっ！　オニのおっぱい、もうアンパンマンになっちゃったね！　もうおっぱい、なくなっちゃったね！　もう、さよならだね！」とか、そういう感じで説明して、とにかくきみが飲んでいたおっぱいはもう消滅したんだよってことをいいきかせて、認識させるということらしかった。

そ、そんなことで騙されるのか……？　とふつうに謎だったけれど、でもこれがいちばん効きめがあるらしく、最初はもちろん納得せずに泣くらしいのだけれど、もうおっぱいはなくなっちゃったから仕方ない、の一点張りでのりこえろ、みたいな段取りであるらしかった。

そうか……わたしも、そろそろおっぱいにアンパンマンか……。

ああ、長いようで短いようで長いようで短いようで長い授乳生活だったなあ……講演にでかけていたとき、「オニが哺乳瓶を受けつけない」とあべちゃんから電話があってタクシーで飛んで帰ったこともあったなあ。あのときはオニが水分をとれずにカピカピにひからびたらどうしようと（いまから考えると笑えるけど）真剣に焦ったりも、したよなあ。

そう、あのときも、あのときも。

公園のベンチで、ソファで、新幹線で、ときには仕事しながら、そしてごはんを食べながら、いつもオニはそんなわたしのおっぱいを飲んでいた。そして少しずつ大きくなっていったオニのからだ。手と足。おっぱいを飲みながら目があって、ときどきにっこり笑うオニの顔。断乳したら、もう二度とオニはわたしのおっぱいを飲むことはないんだな。オニが一人っ子ならば、わたしがわたしの人生で授乳するのは、これが最後ということになるんだな。オニがまたひとつ、大きくなって、わたしから離れてしまうんだな……そう思うと淋しくて、涙が流れてきた。ずうーっと、このままの赤ちゃんでいればいいのにな……産後直後のわたしがきいたら「ふざけんな！　おまえ冗談でもふざけんな！」とクワッと発狂しそうになるようなおそろしいことを、ふと思ったりもした。

夜、オニを寝かせたあと、

「……って、こんなふうにおっぱいに絵を描いてさ、オニに教えなあかんねんで。もう、さよならって、ゆわなあかんねんで。そしてそれが終わったら、オニがわたしのおっぱいを飲むの、最後になるねん。いままでいっぱい飲んできて、からだをおっきくしてくれたおっぱいが最後になって、オニは赤ちゃんじゃなくなるねんで。アンパンマン描いて、おっぱいじゃなくなるねんで、アンパンマンになって、おっぱい、アンパンマンになって、おっぱいじゃなくなって、アンパンマンになってしまうねんで、わたしとオニとをつないでいたおっぱいがアンパンに」

とあべちゃんに説明していたら、やっぱり淋しくなって、涙がぽろっとこぼれてしまった。あー、泣いてもうたわあ、とかいいながら照れくさい感じであべちゃんのほうをみると、「そんな……悲しい……ことぉ……」とかいいながら目をちょっとこすりつつ、そしてつぎの瞬間、

「いいよ！　そんなことしなくていいよ！　そんな悲しいことする必要ねえよ！　おっぱいなんか、おっぱいなんか、そんなのいつまでだって飲ませてやればいいじゃないか、いいよ、うちはそれでいこうよ！　おっぱいいこうよ！　さよならなんかしなくていいよ！」

といきなり力説しはじめたので「お、おう」と答えて、そこから思い出話に流れてしまって、断乳についてはそこでおひらきになってしまった。

案ずるより生むが易し、という言葉がある。

そしてその言葉を女がつくり、ひろめたのなら話はわかるけれど、男発信だったとしたらまじむかつくな、というくらいには、生むとか案ずるとか易いとかむずかしいとかに敏感にならざるをえないのが、妊娠&出産を経験し、そして産後を生きるわたしたちだ。生むの、ぜんぜん易しくねえよ！　案じさせろや！　っていうのもこれ、じつにたしかな実感である。

しかし。わたしの場合、授乳にかんしては、そうだった。あれこれ考えていたことがまったく問題にならないほど、その日はスムーズにやってきた。そう、まったく苦労することなく、意図することなく、ある日とつぜん、断乳が達成されていたことに気がついたのである。

そんなぐあいなので、いつ断乳が成功したのかもさだかじゃないのだけれど、あれは10ヶ月を迎えてまもないある日のこと……なんとなくオニのほうから「おっぱい、もうええわ」みたいな感じで離れていったのである。

「オニ、ほら、おっぱいよん」といつもの調子で飲ませようとしても、「そういうの、もういいから」みたいな感じで顔をそむけ、やがて「金輪際、いりません」というようなあんばいに。そんなふうに急に拒否され、行き場を失ったわたしのおっぱい……え、もしかして、これで終了な感じなん？　終了はいいけど、でも、オニが飲んでくれなくなったらわたしのおっぱい張り張りのカンカンの爆弾破裂になってしまうんちゃうのん……とハラハラしていたのだけれど、オニがオニならおっぱいもおっぱいで、空気読んだっていうかやる気がないっていうか持ち主思いっていうか、こう、自然にみなぎることをやめ、自粛って感じで、放っておいてもまったく張らなくなっていったのだった。

　こうして授乳をはじめた直後から恐れおののいていた断乳はこともなくちゃっちゃと終わってしまい、なんてことない感じで、わたしとオニをつないでいた「おっぱい」は、するするとフェードアウトしていった。

　え、こんな終わりかたでいいの、わたしたち……拍子抜けといえばそうだけれど、でもこれが逆だったなら、当然だけど、ものすごくたいへんだったに違いない。わたしの甥っ子のように「ぱいちょ〜、ぱいちょ〜」としゃべれるようになっても泣きながら両腕を伸ばしておっぱい目指してよろよろとどこまでも歩いて追ってくる「ぱいちょゾンビ」になっていたかもしれなかったわけで、そうなっていたらいい感じでの涙のお別れ、なんてそもそもないし、全方位的にもろもろが相当キツかったにちがいない。10ヶ月で自然におっぱいが消滅したのは、オニとわたしにとってはラッキーだったのかもしれない。

　オニのなかで、おっぱいにたいする気持ちがどう変化したのかは知るよしもないけれど、とにかくもう必要じゃなくなったみたいだ。お風呂に入っていても、みむきもしない。おっぱいなんかどこ吹く風だ。や、自立心が旺盛なのはありがたくすばらしいことだけれども……でも、なんか、ちょっと早くないだろうか……こうしてオニは乳首の吸いかたを忘れ、おっぱいを忘れ、おっぱいを飲むときにみあげていたわたしの顔を忘れ、そして、どんどん大きくなっていくのだな。そう思うとてつもなく淋しいような気持ちがこみあげてくるのである。そしてちょっと涙を浮かべつつ、鏡に映った自分のおっぱいをひさびさにみてみると……なにこれ。

大きさはなかったけれど、まあまあきれいだったわたしのおっぱい（いわせてください）。

妊娠し、オニを大きくするためにふくらみ、そして初めて味わう、つかのまの巨乳時代。そして突然にやってきた断乳のとき。そこからあれよあれよと快調に縮みはじめて、そして……みなさん、いいですか、おっぱいというのは本来的な使いかたをすると、本当に「使いきった」って感じになって、ものすごいですよ。授乳中はまるめた膝ほどの大きさと突きだし感と確信に満ちていた、それだけで盛りあがりふくらんでいたわたしの巨乳、どこ行ったん……かつて、わたしは拙著『乳と卵』で、授乳の終わったあとのおっぱいを、「ぶらさがった二枚の靴下」と形容しましたが、当時の想像力の脆弱《ぜいじゃく》さを詫びるほかありません。そうですね……みたままをそのまま形容すると、「打ちひしがれたナン」って感じでしょうか。そうです、カレーをつけて食べる、薄くてひらべったい、あのナンです……それにしても、このあいだまでみなぎっていたすべてはみごとに去り、あとに残されたのは、あとに残されたのは……や、もちろんおっぱいなんですけれど、おっぱいとはどうしたって呼びたくないような、呼べないような、呼んだら最後、これが自分のおっぱいであるってことを認めるようで切ないような、とにかくそんなおっぱいがふたつあって、それが鏡のなかからわたしを「てへっ、すみません！　でもこれからも、ひとつよろしくぅ☆」みたいな感じで、みつめているのである。

夢のようにしあわせな朝、それから、夜

4月。オニも11ヶ月に入り、ハイハイとつたい歩きをミックスして、好奇心は尽きぬよう、いつも目を輝かせてあちこち動きまわり、それをみていると、疲れこそ吹っとんだりはしないけれど（疲労は疲労）、しかし、とてもおだやかな気持ちになる。

授乳が終わっても、あいかわらずオニは夜に何度も起きるけれど、保育園に通うようになってから一日のなかに時間割のようなものができて、生活にようやく輪郭めいたものができつつあるような気がする。オニと離れている時間と一緒にいる時間がはっきりするので、そのどちらもに集中することができて、いまのところはいい感じ。

でも、こんなにもご都合主義で、ルーズで、そして世の母性神話なんか鼻で笑っていたはずのわたしでも、うっすらとした罪悪感のようなものがつねに漂っていて、完全になくなるということはないようだ。たとえば大阪に遊びに行ったときなんかに、

まだ小学生の甥っ子と会話していると、

「オニは、東京では保育園に行ってるねんで」

「へえー。何時から何時まで？」

「朝の10時から、夕方の6時まで」

「えー、そんなん、オニ、ほとんどミエコと一緒におらんやん」

こんなふうな、悪意のまったくない、率直でまっとうすぎる指摘をときどきされたりして、するとわたしは動揺して傷つき、トイレで20分間くらい涙が止まらず泣いてしまったりするのである。まったく剣呑《けんのん》なのである。

そのたびにしっかりしろと自分にいいきかせて、「オニ、おまえのおかあたんは、働くおかあたんやで」と理解を求め、一日一日を迷いながら過ごしてきた。でも、やっぱりどんなときでも日常のちからというのは大きく頼もしいもので、なにもかもに、慣れていってしまうのである。それじゃいけないと思う気持ちと、目をつむって流されてゆく気持ち。そのあいだでゆれながら、そのうちゆれていることにも慣れていってしまうのだよね。

オニを抱っこしながら、これまでアイフォンに撮りためてきたオニの写真をいつまでもみる。まったく飽きない。自分でもさむいくらいに、いつまでだってみていることができるのがまったくもって、おそろしい。

オニが寝たあと、あべちゃんとベッドに横になってそれぞれが撮ってきたオニの写真をみせあって笑う。「この直後に信じられないほど巨大なおならをしたオニ」とか「このあとに高熱がでることをまだ知らないオニ」とか「はじめてヨーグルトを食べていい感じにすっぱいオニ」とか「後頭部の毛がぜんぶ抜けてちょっとこわい時代のオニ」とか、他人さまならば1分で完全に完璧に辟易《へきえき》してしまうだろうやりとりをえんえん何時間でもやっていられるのである。

写真はどんどんさかのぼり、はじめて沐浴したオニ、まだぼんやりしてるオニ、まだ皮のめくれたあとがあちこちにくっついているオニ、そして妊娠中の、大きなおなかをしたわたし……こういうことを、おそらくは自分とおなじ気持ちでおなじ熱意とよろこびをもって思いだすことができてそれを共有してくれる人って、世界中であべちゃんひとりなのだな、と思うと、いま一緒にベッドにならんで座っていることが、ほんのり奇跡っぽく感じられもするのだった。わかりあえないこともあるけれど、でも、オニと過ごしてきた時間をわかりあえるのは世界中であべちゃん、たったひとりなのだ。あの日、あの時、あの場所で、このあべちゃんでなければ、このオニではなかったんだ……と懐メロそのまんまの感慨がこみあげて、なんだか自分がものすごく荒涼とした、だだっ広い宇宙みたいなところでぽつんと座ってるような感じになって心細くなってしまう。でも、ふと気がつけば、となりにはあべちゃんがいて、わたしとあべちゃんのあいだにはオニがいて、3人の体が少しだけ光っているのがみえる。それはほかのどれともちがう光だ。わたしたちはひとりひとり、まったくの個人で、みんなひとりきりであることからは逃れられないけれど、でも、こうやって、なんの因果か、こうしてひとところに集まって、おなじ時間を過ごすことになった。オニにいたっては、ほとんどわたしとあべちゃんのせいで、この世界に登場してきた存在だった。おかあさん、どうしてオニを生んだの、生んだりしたの、といつかわたしが母にいったことを、オニもわたしにいうだろうか。わからない。でもきかれたら、わたしがオニにものすごく会いたかったからです、すみません、と謝ろう。なんで生まれてくるまえに、生まれてくるのがオニだってわかったの、とさらにきかれたら、そうだな、それにたいするナイスな返答としては……と考えているところで、わたしの頼りないかかとは眠りのしっぽを踏んでしまう。

朝。抱っこしたままでわたしの背中のほうにあるカーテンをあけて、空をみせてやる。

オニの顔がぱあっと明るくなって、笑顔になって、目がどこまでも大きくなって、つやつやと濡れて、光っている。じっとみつめると、小さな目に空が映っている。わたしはそれを1秒だって見逃すまいと、まばたきもせずにみつめつづける。放っておくと、わたしの目からは涙がたれてくる。まだ言葉をもたないオニ、しゃべることができないオニは、まるでみたものと感じていることがそのままかたちになったみたいにして、わたしの目のまえに存在している。オニはそのまま、空であり、心地よさであり、空腹であり、ぐずぐずする気持ちであり、そして、よろこびだった。オニは、自分がこんなふうにして空をみていたこと、なにかを感じていたこと、泣いたこと、笑ったこと、おっぱいを飲んでいたこと、わたしに抱かれていたこと、あべちゃんに抱かれていたこと、こんな毎日があったこと、瞬間があったことを、なにひとつ覚えてはいないだろう。なんにも、思いだせないだろう。でも、それでぜんぜんかまわないと思った。なぜならば、この毎日を、時間を、瞬間を、オニが空をみつめてこのような顔をしていたことを、わたしがぜんぶ覚えているからだった。そしておなじように、かつて赤んぼうだったわたしも、おそらくはこのようにして空をみていたときがあったのだ。空をみていた赤んぼうのわたしの目を、いまのわたしとおなじように、みつめていた目があったのだ。そして誰にもみつめられなくとも、すべての赤んぼうの目は、このように空を映していたときがあったのだ。オニの目に、空が映っている。オニもいつか、遠いいつか、このようにして赤んぼうを胸に抱いて、そして、空をみる目をみつめるときが、くるのだろうか。

夜。抱っこして、ゆらして、『七つの子』を歌って、眠るまで何度もそれをくりかえす。腕も痛いし、腰も痛い。なにもかもが限界に思えるのにまだつづけられているということは限界じゃないってことだよな……とうっかり冷静になってしまうほど、長いあいだ、オニを抱っこする。あべちゃんも抱っこする。大きくなったなあ、大きくなったねえといいながら、もう少し大きくなったらオニとでかけたい場所、食べさせたいもの、みせたい陸の動物、海の生きものの話をする。オニはどんな人になるだろう。どんな人生を送るだろう。どんなことに興味をもち、そしてどんなことに悲しんだり苦しんだりして、そしてどんなことにしあわせを感じる時間を過ごすんだろう。あべちゃんと、いろいろなことを話す。あべちゃんは映画がとても好きだから、オニと一緒に映画館に行ける日がくるのをいまから心待ちにしている。もちろん、家でもオニと一緒に映画を観る。イメージだって、すっかりできあがっているみたいで、そのストックの量たるや、ちょっと信じられないほどなのである。映画専門チャンネルで録画した映画を毎日本当に楽しそうにまずは自分のために整理しながら、「オニとは、これを観る」、「これも観る」、「それから、これもずうっと観る」とかいいながら、いつも本当にうきうきしているのが伝わってくる。それをえんえんくりかえすものだから、毎日何本も映画がたまってゆく。まじでドラえもんの「バイバイン」みたいだ。

「……で、オニが『あべちゃん、おれ、映画とか、いいわ』ってゆったらどうするん」とわたしがいうと、

「そ、そのときは『そ、そうか……』って、いうよ……」

と、いまからここに残念極まれりってな顔をしてしょんぼりしてみせるのだけど、でもオニにかんする話ならなんだって、うれしくてたまらないというように笑うのだった。

オニはすやすや眠っている。またしばらくしたら「エッエッ」とむずかって起きてくるだろうから、わたしもオニを追いかけてこのすきに眠らなければ。小さく、ドビ

ユッシーのベルガマスク組曲をかける。『月の光』になると、なにもかもがいっせいに匂いたつように甦ってくる。オニとふたりの病室で、オニとふたりの真夜中に、ずうっとこの曲を聴いていたから、メロディが流れてくると、あのときのなにもかもがやってくる。おなかの傷の痛みのせいで、オニになにかあっても飛んでいけないのがこわかったこと。オニが小さくて小さくて、本当に生まれたてだったこと。オニが生まれてきたこと。オニに会えて、本当にうれしかったこと。小さなオニを胸に抱いて、小さく息をしながら眠るオニの顔をみながら、こんなしあわせがあったのだと、ほんとうにしあわせだと、心の底から、思ったこと。

どうか、どうかなにも終わりませんように。

ありがとう1歳

天井と壁をいろどる、赤や青の小さな旗。おめでとう！　のメッセージが描かれたいくつもの風船。オニがだいすきな、そらジローがいっぱいに描かれた、10人分の巨大なケーキ。細くて長い、1本のろうそく。そして、今日はじめて食べるところをみる、アイスクリーム。お鮨、からあげ、そのほかもろもろ。オニが生まれてきて今日で1年。オニは、とうとう1歳になった。

たまたま大阪に滞在中に誕生日を迎えたので、大阪の姉弟たちみんなでパーティーをすることに。さっちゃん、弟のとしあき、義妹のまゆ、甥っ子たち、姪っ子。わたし、あべちゃん、そしてオニ。まだわけのわからない状態だろうけれど、記念に写真をたくさん撮っておこう。わけがわかるようになったらそれをみて、1歳の誕生日をこんなふうに過ごしたってこと、どんなふうに思うかな。

電気を消して、ローソクに火がともされて、もちろんオニはまだ吹き消すことができないから、かわりに姪っ子がふうっと吹く。みんなで拍手。きょとんとしているオニ。うれしそうなあべちゃん。みんなが笑ってる。毎日は継ぎめなく連続していて今日になるから、1歳になったからなにかがはっきりするわけでもなんでもないけれど、でも、とにかく1歳。

小学生のころのわたしは、そこそこ理屈っぽい性格で、学校で、家で、なんでみんなが誕生日ってものをお祝いするのかが、わからなかった。だって、ひとつ年をとるごとに、1回、誕生日を迎えるたびに、みんな、死に近づいていくのに。年をとるってことは、また一歩、死ぬってことに進むってことなのに。みんな、一歩ずつ、お別れに近づいてゆくことなのに。みんなと会えなくなる日にむかっていくってことなのに。それがたまらなく悲しくて怖くて、お誕生日おめでとうということを思えなかったし、いえなかった。

そんなわたしに、どうして誕生日はおめでとうなのかを根気よく教えてくれる人はいなかったけれど、いまのわたしがもし、あのときのわたしにおなじ質問をされたなら、いったい何と答えるだろう？　もちろん、死に近づいていくことは本当で、お別れに一歩近くなるっていうのも、本当だと思う。でも、誕生日におめでとうっていうのはきっと、この1年、ぶじにみんなが一緒に生きることができたっていうことにたいするおめでとうで、そしてそれは本当にすごいことなのだと、そういうかもしれない。1年間、毎日を生きて、大きくなるってことは、本当はすごいことなんだと。ぜんぜん、あたりまえのことなんかじゃないんだと。そして、来年もおなじように、みんなでこの日を迎えられたらよいね、という、おめでとうなんじゃないかなーと、伝えるような気がする。こんな当然な、おめでとうの気持ちを誰かに伝えられるようになるまで、わたしはうんと時間がかかってしまった。

生まれてすぐのお宮参り。そのあとのお食い初め。行事に参加したのはそのふたつだけれども、そういう区切りにはすべて、そういう気持ちがこめられているのかもしれない。

今日は「食べものに困りませんように」という気持ちをこめて、おもちをオニの背中にしょわせるのらしい。まるくて、きれいな、白いおもち。けっこう重そうやけど大丈夫なのかこれ……と思いつつ、まあ1歳のしょい歩き用に作られているものなのだから大丈夫なのだろうと安心し、お鮨などをつまむ。これまで高速ハイハイとつかまり立ち、伝い歩きでその爆裂する好奇心を満たしていたオニだったけれど、誕生日の今日、なんとタイミングよく、ひとりで立ち、そしてはじめてひとりで歩いたのだった（ほんの数歩だったけれど）。

食事もひととおりがすんで、縁起もちをしょわされたオニは、拍手のなか、粘り強くハイハイで前進し、数分間を耐えた。おもち行事がどこでどうなればめでたい終了を迎えるのかまったくわからなかったけれど、みんなでワーとかいいながら適当にきりあげ、つぎは「職業選択の自由競技」へ（わたしが勝手に名づけた）。

筆、とか、お金、とか、電卓、とか、洋服、とか、食べもの、とかを一列にならべておいて大人たちがそのうしろに待機し、数メートル離れたところにオニを置いて、よーいドンの合図でオニにむかっておいでおいでと大騒ぎする。キャーとか言いながらオニがハイハイしてやってきて、ならべられたどれを手にとるかで将来のおおよその職業とか適性とかそういうのを予想する、っていうか、こんなことで予想なんかできるわけがないのだけれど、ま、そういうちょっとしたお遊びというか、罪のない余興なのだった。

わたしとしては、ぜひともお金か食べものに食いついてほしかったのだけれど、オニが手にとったのは、まさかの筆……その瞬間、みんな、「やっぱり〜！　親子そろって、作家かな〜⁉」とかいってうれしそうに大笑いしているのだけれど、あべちゃんとわたしは笑えなかった。まじでぜんぜん笑えなかった。っていうかみんな、出版不況って言葉、知ってますか……純文学作家の単行本の初版部数って、ご存知ですか……小説書くのって、けっこうまわりをえげつなく不幸にするって、きいたことありませんか……。日ごろ、自分たちの職業を棚あげして、「小説家とか、ないよな」とか「イノベーションが、ないよな」とか「命脈が、尽きてるよな」とかある種の実感とともにため息をつくことも多いので、オニまでもがこちらの世界にやってくるなんて、それはちょっと勘弁してつかぁさい、という感じが、なかなかどうしてするのだった……いや、それでは少し説明が不十分かもしれない、なにもわれわれは小説というジャンルをあきらめているわけじゃあなくって、純粋にそれを職業として成立させて日々の糧《かて》をえるという段階においての困難を考えるとですね……などなどと、いいわけやらなんやらが頭にうずまき、たかが余興とはいえ、いっしゅんでも現実的なことを考えさせる職業選択の自由競技……まったく、あなどれないのであった。

オニ、1歳。身長75センチ、体重、9・6キロ。
オニ、生まれてきたとき、身長48センチ、体重2650グラム。
ものすごく、とても大きくなった。

いろいろなことを思いだす。まだ目もみえないのに、乳首をふくませるとおっぱいを一生懸命に飲んだこと。小さな小さなしゃっくりのこと。新生児用のベッドで眠っているオニを、一日に数えきれないくらいのぞきこんだこと。何度も何度も一緒に聴いた、『月の光』。数えきれないくらい、抱っこしたこと。小さな頭。とうもろこしのつぶみたいな足の指。シーツのにおい。あべちゃんのうれしそうな顔。退院。３人で一緒に家に帰った日のこと。天気がよくて、すばらしい日だった。

オニのすやすや眠る顔。まだ細くてしわしわだった手と足。真夜中の授乳。まだ首が座らないとき。輪にした両腕のなかであおむけにして抱っこをしていたこと。笑った顔。泣いた顔。首が座って、たてに抱っこすることができるようになったこと。くるくるとよく動く、きれいな目。夜、アイフォンでホワイトノイズを鳴らして、顔だけだしておくるみにきゅっと巻いて眠らせたこと。温湿度計だけをみつめていた夏の夜の日々。短下着、長下着。たくさんのガーゼ。沐浴のビニールのお風呂。オニのにおい。せっけんの泡立ち。いつもオニの顔のうえ、頭のうえをゆっくりとまわっていたメリー。おむつ。緑色のうんち。黄色のうんち。おしゃぶり。哺乳瓶。小さなぬいぐるみ。ミルクのにおい。おっぱいのにおい。オニのにおい。小さな歯。小さな手のひら。真夜中、手のひらで何度も呼吸をたしかめたこと。あべちゃんに辛くあたってしまったこと。あべちゃんが優しかったこと。オニを抱いて、泣いたこと。きょとんとしていたオニの顔。風が吹いて、大きな木の葉がゆれるのを、3人で一緒にみあげたこと。3人でいちごを食べたこと。空がとてもきれいだったこと。オニがいなくなってしまうんじゃないかと思って夜も眠れなかったこと。オニがはじめて声をだして笑ったときのこと。はじめておかゆさんを食べたときのこと。はじめて前髪を切ったときのこと。オニが手をのばしてわたしの肩を抱いてくれたときのこと。小さな手で、わたしを抱きしめてくれたこと。あべちゃんがオニに会えたこと。わたしがオニに会えたこと。オニが、わたしのところへ、生まれてきたこと。

ハイハイをして、つたい歩きをして、そして歩こうとしてしりもちをついて楽しそうに笑うオニをみていると、この1年にあったいろいろなことがとめどもなくおしよせる。生まれたばかりで、あんなに小さかったオニは、いまこうやって両手と両足をのばして、世界を少しずつ広げて、そしてからだはもっとしっかりとして、走りまわって、すぐに大きくなってしまうだろう。いろいろなことを忘れながら、新しいなにかに出会いつづけて、そしてすぐに、わたしのそばからいなくなってしまうだろう。オニがおなかにやってきて、そして生まれてから今日までのこの時間は、誰かが、なにかが、わたしにくれた、本当にかけがえのない宝物だった。おまえはおかあたんの赤ちゃん、おかあたんの赤ちゃん、と呼びかけながら、ぜんぶを抱きしめることができた日々。きみは赤ちゃんだねえといいながら、ころころと笑いあった日々。だいすきなオニ。わたしの赤ちゃんだった日々。両手にすっぽりくるむことができた、きみが、わたしの赤ちゃんだった日々。

オニがこっちをみている。小さな手をふっている。なにーといいながらオニのそばにいく。抱っこしようと手をのばすと、ウン、といいながらゆっくり立って、一生懸命、歩こうとしている。背をむけて、足を動かして、むこうに一歩を踏みだそうとしている。もう赤ちゃんじゃなくなった。もう赤ちゃんじゃなくなった、オニ。どうかゆっくり、大きくなって。きみに会えて、とてもうれしい。生まれてきてくれて、ありがとう。

あとがき

こういうふうに書かれるあとがきのなかで、読んでくださったみなさまへの感謝の気持ちはたいてい最後の最後に書かれるものではあるけれど、今回ばかりは、どうか最初に言わせてください、『きみは赤ちゃん』を読んでくださって、ほんとうに、ありがとうございました‼

妊娠や出産や育児っていうのは、とても個人的なことだけれども、どうじにたくさんの人の体験や考えかたや感情に深くかかわる超絶デリケートなことでもあるから、面白いこと、ばかばかしいこと、笑えるようなことも書いてはいるけれど、でもやっぱり、痛いこと、しんどいこと、つらいことの話が多いよな、読んでくれたみんなが必要以上に不安になったりしんどくなったりしないだろうか、いや、でも、ほんまのことやしな、でもな……なんて、いっつもくよくよ悩みつつも、こうして書き終えて一冊の本にすることができたのは、連載をしているときから「案ずるな、そのままゆけ」と励まし、そして連載が終わってからは、「すっごい楽しみにしてるから、はよ書いて」とうれしい言葉で、いろんな機会にいろんなかたちで、みなさまが伝えてくださったおかげです。心から、ありがとうございました。

「きみは赤ちゃん」は、オニがおなかにやってきてから1歳の誕生日をむかえるまでの悲喜こもごも、日常の記録ですが、そんなオニも、あっというまに2歳になって、毎日ありえないほど元気に走りまわり、あちこち弾みながら、すくすくと育っています！

口をゆすいだり、スプーンをもってなにかを食べたり、歯ブラシをもって歯をこすってみたり、手を洗ったり、名前を呼んだり、ひとりで眠ったり——授乳をしているときや離乳食の時期には、

「あまりにもたよりないこの赤んぼうが、いつかそんな人間みたいなことができるようになるなんて、まじでまったく信じられない」

と心の底から信じられずにいましたが、なるようになるとはこのことでしょうか、

現在のオニはそのすべてをこなすようになり、いまではすっかり「子ども」になってしまいました。

笑ってしまうほどいうことをきかず、いつ終わるのかわからないイヤイヤ期にも突入してずいぶんたつし、携帯アプリの「鬼から電話」もリピートしすぎて効かなくなって、いまはエイリアンの時代に入りましたが（音も顔もメタルグレーでけっこうこわい）、これだって慣れてしまうの、時間の問題にちがいない。わたしとあべちゃんは日々、オニのいちいちに「えええええ」とか言いながら必死でそれを追いかけながら驚きながら、そしてやっぱりしあわせだのう、と笑いながら、まるで小さな嵐のようなオニと三人で、一度きりしかないすべてを見逃さないように、かけがえのない日々を過ごしています。

みなさんはどうかな。どんなふうかな。妊娠中も授乳中も、眠れない夜も、うれしいときも楽しいときも、ネットや本やいろいろなところで、たくさんの妊婦さんやお母さん、さまざまなところでがんばっている女の人たち、男の人たちの文章を読ませていただきました。そのたびに胸がいっぱいになり、泣いたり笑ったり、どれだけ元気をもらったかもうわからないくらい、いつもちからになってくれました。この本を書きたいと思った気持ちにはいろいろな思いがあったけれど、そういったたくさんの言葉やお話への恩返しじゃないけれど、でも、いましんどかったり、迷っていたり、笑いたかったり、誰かと話しをするようになにかを読んでみたいと思う人が、すこしでも必要としてくれるものを書きたいって気持ちがあったのだと思います。だから、ちょっとでいいから元気がでたり、そうだそうだと一緒に腹を立ててくれたり、笑ったり、なにかをふっと思いだしたり、誰かをうんと大事にしたいと思ったり、そしてひっくるめて――ああ、読んでよかったなあ、とそんなふうに思ってくれるとするならば、それがなによりも、なによりも、うれしいです。そうだったらいいな、どうかなあ。

連載のそもそものはじまりから現在まで文藝春秋の大川繁樹さんに、そして単行本では武藤旬さん、そして装丁は大久保明子さん、すてきな刺繍とイラストはJeu de Filsさん、ありがとうございました。お守りのような、明るく縁起よくはつらつとした、とてもすてきな&忘れられない『きみは赤ちゃん』を作ってくださいました。ありがとうございました。

ああ、もうそろそろお別れのときがやってきました。さみしいなあ。なんだか、すごく仲のいい、でもしばらく会えない女ともだちとじゃあまたねっていうときみたいに、なんだかすごくさみしい気持ち。いい残したことはないかな、大事なこといい忘れてないかなってそわそわしながら、でも伝えたいことはぜんぶこの一冊のなかに書いたような気もするし、もっともっとあるような気もするし。でも、書き終えてしまうのがやっぱりいちばんすごくさみしい。別れがたくて、あかんことですね。

それでも、わたしがオニにむかっていつもいっているみたいに、そんなのなんの根拠もないけれど、でも、

「たのしいこと、いっぱいあるよ!」

「あしたはもっと、たのしいよ!」

ってそんなこと、これを読んでくださったみなさんに、最後に全力で伝えたいような気持ちでいます。これから、たのしいこと、いっぱいあるよ! 小さいことにくよくよしすぎず、時間のちからを信じて、もういやになるほどいろんなことがあるけれど、ちょっとずつ、やっていこう、やっていこうね。

いまは初夏です。またいつか、お会いできる日まで、みんな元気で。

読んでくれて、ほんとうに、ありがとう。

二〇一四年　五月

川上未映子

文庫本のためのあとがき

『きみは赤ちゃん』が単行本で刊行されてから、はや三年。こちらは顔のうえのほうから垂れてくる水分がひきつづき汗か涙かもわからない、っていうか、気にしない&気にできない、みたいな相変わらずの日々を過ごしておりますが、みなさまは、お元気でいらっしゃいますでしょうか。

あれから三年——つまりこの本の中の終わりには1歳になったばかりだった息子のオニは5歳になり、ありがたいことに大きな病気や怪我をすることなく、毎日すくすく育っております！

単行本のあとがきにも書いたのですが、妊娠&出産はとても個人的かつデリケートな出来事なので、この一冊はどんなふうに伝わるのやろう、読んでもらえるのやろうと、書いてる最中も書き終わったあとも、すごくどきどきしていたのですが、思いがけずたくさんの方々に楽しく読んでいただくことができて、本当に嬉しかったです。当時も今も、色々な人からご感想をお聞きする機会があり、その多くは読んでくださった方々の貴重かつ個人的な体験や心の動きに寄り添ったもので、色んなことを考えたり、共感したりの連続で、どうしても忘れることができないものが、たくさんあります。

『きみは赤ちゃん』を書いたことでよかったなあ、と思えることはいくつもあるのですが、わたしにとって何より大きかったのは、それが錯覚であっても——読者のみなさんの人生に一瞬でも触れるような感覚をいただけたこと、面と向かってじゃないんだけれど、つらいとき、楽しいとき、それぞれの気持ちを持ち寄っておしゃべりをつづけているような親密さを感じさせていただけたことだと思っています。みなさま、本当にありがとうございました!!

三年が経って読み返してみると、さすがに当時より冷静というか客観的に読めるところがあって「いくらなんでも泣きすぎやろ」とか「感激屋のウザさ半端ないな」みたいなことを思って落ち込み&うなだれ&赤面することしきりでした。ああ、やっぱ、ホルモンとかそういうあれで、頭も体もパッキパキの正体不明のハイテンションやったんやなあ……と思わず遠い目になってしまう。もちろん書くことはつねに理性的なことなので、細心の注意を払ってひとつひとつの文章を作ってはいるのだけれど、「今これ書けって言われても、全方位的に完璧に無理やなこれ……」と感じます。やっぱり、思うところは色々あるけれど、人生において一度きりのあの時期にしか書けなかったものじゃないかなあ、という気持ちもあって、心は安定のマーブル模様、そんなあんばいでございます。

子育ても五年めに入ると現実的に慣れる部分もたくさんあるし、何かしらのコツみたいなものもようやくつかめてきた、というところはあるのだけれど、しかしどうしたって慣れることのできない本質的なものがあって、それは今日も一日、子どもの命があるかどうかということで、妊娠してから今日の日まで、それが失われるかもしれないという恐怖を感じない日はありません。

でも、これにかんして親ができることといえば、ほとんど祈りに近いようなものになりますよね。命というものが、ものすごく微妙で、じつに曖昧で、原則的には個人がどうすることもできない偶然のうえに成立している――わたしにとってこの五年間と、そしておそらく残りの人生は、きっとその認識を生きることそのものであると、そんなふうに感じています。

息子を生んだばかりの当時も、そのことはしっかり理解していたつもりだったけれど、でもやっぱりちゃんとわかっていなかった。そう思うのは、最後からふたつめの章で、膝にのせたオニの顔を、瞳を、じっと見つめる場面で「誰にみつめられなくとも、すべての赤ん坊の目は、このように空を映していたときがあったのだ」と、まるでそのありかたこそが生命の喜びであるというような感慨でもって書いているからです。

このときのわたしは、初めてこのようなかたちで生命というものにふれ、それが放つ、あまりの眩さ、輝きに引きずられていて、おなじくらい大切なものが見えていませんでした。言うまでもなく、空を目に映さないままであった赤ちゃんがいて、本当にいろいろな赤ちゃんがいて、なのに赤ん坊を生んだばかりのわたしは生の一回性、目の前にあるものに目がくらみ、その当然のことをきちんと想像することができていませんでした。空を見つめる目はたしかに輝かしく、喜びに満ちてはいるけれど、でも目を閉じていても開いていても、生命はつよさとかけがえのない一回性をまとって、しっかりとそこにある。すべての、という言葉を当然のことのように使い、わかっていたはずのこのことを、きちんと表現することができていませんでした。自分にとって本当に大切で重要なこの認識と想像を言葉にできなかったことを、深く恥じています。

さて、そんなふうに何年が経ってもひきつづき考えることもあれば、やはり日常のちからに押し流されて、ありがたくも日々をこなすのに精一杯の日々。走り回り、泣き、大笑いし、喜び、眠り、目をまるくして世界のあらゆることに驚きつづけ、オニは赤ん坊の頃とおなじように、世界がまだ柔らかくて何にでも形を変えうるものであるということを、存在のぜんぶで、わたしに見せてくれています。と同時に……ああ、5歳の子どもがこんなに達者で、こんなに言うことをきかないなんて思わなかったという毎日の攻防もあり……ああ言えばこう言う、ぐぬぬ……となってしまうこともしばしばで、5歳でこんなやったら、思春期になったらいったいどうなるんやろう、っていうか、今の段階で「はーい着替えてや」→「……もうそろそろ着替えるんやで……」→「……着替えや」→「何回言わせんの！　はよ着替え！」→「よーしわかった、ムッキムキでバッキバキの地獄園にいくんやな⁉」みたいな感じのやりとりばっかりで、これがあと何年つづくん十五年？　みたいことを思うと想像がだんだん現実味をおびてくるのがなかなかこわくて、そのたびに頭を振って、何かほわほわしたものを思い浮かべるようにしています。とはいえ、わたしも人のことは言えなくて、たとえば幼稚園へ行くのに息子のバッグをまるっと家に忘れたりなんてこと茶飯事で、毎日必死に自転車をあっちこっちへ漕ぎながら振り返らずにやってます（心の底から電動自転車がわたしの相棒……いつか廃車になるときを思って今から悲しい）。

そんな息子とのかけがえのないこの日々は、やっぱり、誰かからの、何かからの奇跡的な贈り物なのだと深く実感しない日はなく、息子に会わなければ知ることはなかっただろう、名づけようのない善さみたいなもの、いつか終わりが必ずやってくる期限つきであるこれらの時間のなかで、息子をしっかり抱きしめ、ひとつでも多くの言葉を交わし、そんなふうに過ごしていけたらと、つよく感じています。

文庫化にあたっては、文藝春秋の舩山幹雄さんに、そして素敵な刺繍とイラストはひきつづきJeu de Filsさんに、装丁は大久保明子さんにお世話になりました。単行本と姉妹のような可愛らしい『きみは赤ちゃん』になりました。ありがとうございました。

そして、この本を手に取ってくださったみなさまに、心からの感謝を。

生きていると色々なことがあるし、解決できることもあればできないこともあって、でも、今日もなんとか、なんとか。そして単行本のあとがきでもおなじことを書きましたが、やっぱり最後はみなさんに——オニが生まれてから毎日変わらず彼に話しかけているように、

「たのしいこと、いっぱいあるよ！」

「あしたはもっと、たのしいよ！」

と、お伝えしたい気持ちでいっぱいです。全力で、これだけを言いたいような気持ちでいます。だいじょうぶ、たのしいこと、いっぱいあるよ！

さて、お別れのときがやってきました。最後になりましたが、重ねて、心からの感謝を。

読んでくれて、本当にありがとう。

どうか、ずっと、お元気で。

本当に、ありがとう。

二〇一七年　四月

川上未映子

文春文庫

きみは赤《あか》ちゃん

定価はカバーに表示してあります

2017年5月10日　第1刷
2025年4月25日　第11刷

著　者　川上《かわかみ》未《み》映《え》子《こ》
発行者　大沼貴之
発行所　株式会社 文藝春秋

東京都千代田区紀尾井町 3-23　〒102-8008
TEL　03・3265・1211(代)
文藝春秋ホームページ　https://www.bunshun.co.jp

落丁、乱丁本は、お手数ですが小社製作部宛お送り下さい。送料小社負担でお取替致します。

印刷製本・大日本印刷

Printed in Japan
ISBN978-4-16-790857-7